SUNNY SUNDAY
Juli & Hong Publishers Co.

MP3 sunnysunday.co.kr
blog.naver.com/iloveielts

JN413236

줄리정's 불법

IELTS

Juli Jung's Immutable Law for IELTS

실전모의고사 Start!

Mock Test 1

👑 아이엘츠 강의 12년의 노하우로 실전문제 완벽분석!

✏️ 친절한 우리말 해설본과 상세한 문제 풀이

🎧 BBC 앵커출신 알렉스 젠슨이 녹음한 MP3+QR코드 무료!

💻 메가잉글리시 인터넷강의! 메가잉글리시 ▾

보이는 스피킹 QR코드

SECTION 1   *Questions 1-10*

Complete the notes below.

Write **NO MORE THAN TWO WORDS AND / OR A NUMBER** *for each answer.*

Renewing Kettlebell Health Club

Example

Name : Andrew ....*Brown*....

Expiration date on the club membership : **1** ....

'B Set' package lasts for **2** ....

Signing up for 'A Set' by today : providing an extra month and **3** .... classes

4 .... will be introduced from next month

Monthly cost of 'B Set' package : **5** £ ....

'A Set' including unlimited access to the **6** .... and sauna area

7 .... time : from 11 am to 4 pm

Sign up for the new package at the **8** ....

Allowed to use the swimming pool from **9** ....

Name of the receptionist : **10** .... Vilaubi

---

SECTION 2   *Questions 11-20*

Questions 11-15

Complete the notes below.

*Write **NO MORE THAN TWO WORDS OR A NUMBER** for each answer.*

Crown Royal Gallery

Advice to volunteers

- Although the normal opening hours are from 9 to 6 on weekdays, we'll be closing at 4.30 pm today.

- About **11** .... volunteers need to roam around the gallery at **12** .... pm to let visitors know their tour will finish soon.

- Some of them can be at the **13** .... doors to welcome invited private party guests.

- Most invitees are from the local community such as the **14** .... and business leaders.

- At 7 pm, volunteers should be in position at their assigned locations.

- All volunteers need to have **15** .... including a map and directions.

Questions 16-18

What does the speaker say about each of the following works of art?

*Choose **THREE** answers from the box and write the correct letter, **A-E**, next to Questions 16-18.*

Comments

A was a depiction of the Marquess of Rockingham.

B was painted by an American artist.

C is a beautiful full-scale picture of a racehorse.

D was not popular until the early 20th century.

E is far from the classical style of some other pieces in the gallery.

Works of Art

16 Whistlejacket

17 Mr and Mrs Andrews

18 Dreaming Horse

Questions 19-20

*Choose **TWO** letters, **A-E**.*

Which **TWO** things are the volunteers going to do next?

A enjoy a complimentary lunch

B roam around in a time sequence

C go to the Golden Banquet Suite at 1pm for dietary requirements

D have a free lunch by midday

E spend time on leisure activities

SECTION 3   *Questions 21-30*

Questions 21-23

*Choose the correct letter, **A, B or C**.*

21   Why do most people know Rachael as Helen?

    A   She writes under the pen name of Helen.

    B   Helen was her character on a TV program.

    C   Helen is her real name.

22   She and her publisher decided the name, 'Helen & The Wonderful Wizards of Aus'

    for her book to

    A   draw more readers' interest.

    B   use a clear name.

    C   use the same name as her sitcom.

23   'Helen & The Wonderful Wizards of Aus' is

    A   a story about trying all sorts of wonderful strategies, but most of them fail.

    B   a book about science and technology lovers.

    C   a chance to correct misunderstandings about Australia.

Questions 24-30

Complete the notes below.

*Write **NO MORE THAN TWO WORDS** for each answer.*

Helen's Top Picks in the studio

Wi-Fi

· The Australian **24** .... John O'Sullivan and his co-workers patented a

technique in the 1990s.

· In fact, O'Sullivan had been trying to discover exploding small **25** ....

· Lesson : Even when an **26** .... seems to be failing, we need to open our eyes to

new possibilities.

Power Strip

· An **27** .... working at a large appliance manufacturer invented the strip in the 1970s.

· Lesson : We should always patent our inventions.

· The innovator could not be paid any **28** .... from the strip.

Sheep Shearing Machine

· Unaipon was born in 1872 and died at the age of 94.

· Unaipon had to fight against **29** .... stereotypes.

Polymer Banknote

· Countries keep adopting their own plastic money, which also lasts much longer than

the **30** .... type.

SECTION 4   *Questions 31-40*

Questions 31-32

*Choose the correct letter, **A, B or C**.*

31   According to the speaker, The Red Lion pub

    A   supports this event to be held every week.

    B   was established in the 18th century.

    C   was famous for selling the first Stilton cheese.

32   The speaker wants to stimulate people's appetite more with

    A   a brief overview of George Orwell.

    B   a short introduction of Stilton.

    C   a detailed story of Stilton.

Complete the notes below.

*Write **ONE WORD ONLY** for each answer.*

'British Cuisine Magazine' event : Stilton

Protected Designation of Origin

· Stilton is only produced in Derbyshire, Leicestershire and Nottinghamshire throughout the world.

· The village of Stilton is the place that this cheese initially **33** .... in the 1700s.

· The location of Stilton surely helped spread its most famous namesake's **34** ....

Variety

· Stilton produces a greatly pungent **35** .... and looks similar to Gorgonzola.

· Stilton is a great choice for families to share on special **36** .... such as Christmas.

· Blue veins thread from the centre of Stilton throughout the cylindrical structure of it.

· Although Stilton are crumbly, some mature samples are quite **37** ....

· Although Stilton is perfectly legitimate and also enjoys PDO status, it is rare.

Dream

· The British Cheese Board advised that most people have **38** .... dreams when they sleep after eating just a little Stilton.

Next Gathering

· The food for the next meeting is a traditional roast **39** .... meal with all the classic trimmings.

· The chef's Yorkshire pudding is one of the best in England.

· Before going back home, filling in a **40** .... form is recommended.

· The gathering next month will be on St George's Day.

PASSAGE 1

*You should spend about 20 minutes on **Questions 1-13**, which are based on Reading Passage 1 below.*

A LIFE LESS ORDINARY

The man who escaped a mundane existence by selling everything he owned

A   Ian Usher looks like a regular man. He keeps his hair short, wears conservative glasses and dresses modestly. But the 52-year-old's life is anything but ordinary, and his story reads like that of an explorer from an age long gone. Far from being just a source of curiosity, however, Usher's experience has the power to inspire the rest of us – as evidenced by Walt Disney Pictures' move to secure the rights to turn his life into a movie.

B   Usher's story turned extraordinary in 2008, when years after moving to Australia from his native England he made a brave and bizarre decision. On the surface, he had already achieved what so many dream of. Still in his early 40s, Usher was married and had a successful career – he and his wife were even building their own house in Perth, Western Australia. Then their relationship collapsed, and his whole existence changed. In need of a fresh start, Usher put his 'life' up for sale online. The package included everything from his dream house, complete with outdoor spa bath, to his job, car, motorcycle and even clothes. $400,000 better off, but with zero possessions, Usher went on an incredible journey.

C   Now single and free from all commitments, Usher set off in August 2008 with the aim of completing 100 life goals in 100 weeks. These challenges varied from the relatively mundane activities one might stumble across on a popular tourist trail to the downright bizarre. Over the next two years, he attended Oktoberfest in Germany, rode an ostrich, swam with a whale shark and completed a nude skydive. He walked on the Great Wall of China, memorized the influential poem 'If' by Rudyard Kipling, learned to play the didgeridoo and stayed a night at an underwater hotel. 112 flights, 81 airports, 41 airlines, 31 countries and six continents later, he still had seven goals left to achieve – including watching a baby being born, raising $50,000 for bowel cancer research, learning how to lucid dream and gathering four other people by the name of Ian Usher all in one place with him. But by July 2010, that initial incredible adventure had come to an end, and Usher's life entered a new chapter.

D   After a stint in Canada, Usher found a place to call home in early 2011. Having abandoned his former conventional life, he was certainly not ready to return to what most might consider normality. Instead, Usher actually bought his own remote Caribbean island to live on in Panama. Despite all his recent experiences, he still had to learn the hard way how to survive in a very basic world. An abandoned old house on a nearby island was a reminder to him of what his own property might look like if things were to go wrong. Step by step, Usher set up a modest two-bedroom house and a self-sufficient lifestyle – his power was provided by solar panels and his food came from chickens, the land around him and a convenience store shack that he could reach by boat. As for water, that rained down on him quite literally.

E   The only thing that was missing was a companion. But even that need was met by divorcee Vanessa Anderson in 2013. A friend of a friend, Anderson was based in London after the breakup of her own marriage. Inspired by the idea of taking a holiday on Usher's island, she flew over to Panama to join the voluntary castaway. Her vacation became a longer-term stay as romance blossomed between the pair and they developed a wonderfully efficient partnership. Anderson learned how to take pleasure in the most tiresome chores. She washed clothes, for example, by treading on them in soapy water – a process not unlike stepping on grapes for winemaking. She threw herself into Usher's way of life, which while stripped down of many modern luxuries was not entirely primitive. The couple still had access to the Internet, for example, and actually designed websites together to make some extra money to meet their modest needs. This practical approach to realizing an idyllic dream no doubt contributed to their success in carving out a surprisingly manageable life, but it would not last too much longer. Simply put, Usher and Anderson came to the realisation that life still had much to offer them away from their island. So they put it up for sale, and another free-spirited adventurer came along to complete the purchase in late 2015.

F   But what next for the man who seems to have done it all? Well, Usher and Anderson are far from bored. After leaving behind their island, they have continued to be globetrotters. Thanks to social media, they became established house sitters. After building some strong references, they started to make themselves more available to look after other people's homes. This footloose way of living might not be for everyone, but the couple have demonstrated that true freedom is still possible in this modern world. In fact, technology such as the Internet has allowed them to be freer than they ever would have been able to be without the ability to communicate effectively with people all over the globe. Usher has even tried his hand at English teaching in China – quite different from getting up in the morning to see if one of your island's chickens has laid an egg for breakfast. But his spirit remains the same, and perhaps it has even been taken to a new level with Anderson by his side.

G   If Usher has one message for the rest of us, judging by the quote he chose to put on the front page of his website, it would be to not hide from life's difficulties. In his own words, "what we decide to do in the face of adversity is perhaps the truest measure of character."

Questions 1-5

Reading Passage 1 has seven paragraphs, **A-G**.

Which paragraph contains the following information?

*Write the correct letter, **A-G**, in boxes 1-5 on your answer sheet.*

NB *You may use any letter more than once.*

1 the way to generate electricity

2 an account of using the Internet for a financial purpose

3 the reason why Usher started to travel around unknown areas

4 an account of using the Internet for accommodation

5 a reference to someone who learned how to enjoy household tasks

Questions 6-8

Complete the sentences below.

*Choose **ONE WORD ONLY** from the passage for each answer.*

Write your answers in boxes 6-8 on your answer sheet.

6 To start a new life, Usher sold all of his possessions such as a house,

    job, vehicles and ....

7 After leaving Australia, Usher stayed at a .... in the water.

8 Usher purchased an .... in Panama to stay.

Questions 9-13

Do the following statements agree with the information given in Reading Passage 1?

In boxes 9-13 on your answer sheet, write

          TRUE   *if the statement agrees with the information*

          FALSE   *if the statement contradicts the information*

          NOT GIVEN   *if there is no information on this*

9   Before Anderson flew over to Panama to meet Usher, they had never known each other.

10   Usher's life still had many modern luxuries when Anderson met him first.

11   Usher made a huge profit from the sale of his island in 2015.

12   Some positive recommendations on SNS allowed Usher and Anderson to stay in other people's houses.

13   Teaching English in China was totally different from what Usher had been doing.

BEWARE THE FOURTH INDUSTRIAL REVOLUTION

The future is here and it holds as many perils as it does possibilities

Imagine waking up one day as an elderly person, calling for help getting out of bed from a care-giver. Then imagine receiving that assistance almost instantly, and being guided to the bathroom before being returned to bed and served a nice cup of hot tea. But also imagine saying "thank you," knowing that your care-giver would have no way to feel true appreciation and no way to feel true compassion. That is because this care-giver is not a real human being and robots in this imagined future have taken over many of the world's jobs. Right now, this vision might seem like something from a dystopian novel – but according to an increasing number of experts, we are heading in that direction.

A new age of innovation is upon us, and it promises to be humanity's most transformative phase ever. They are calling it the fourth industrial revolution. While the first three industrial revolutions have powered a better standard of living across the globe since the 18th century, this new age beckons in a way that is both exciting and absolutely petrifying. The world has already changed so rapidly that it suddenly seems too small to satisfy all of its people, pollutants and ideas. Previous industrial revolutions took us from villages to cities, from farms to factories, from steam engines to digital technology. The world's latest transformation is being driven by the stuff of science fiction and concepts like the Internet of Things, which refers to the growing network of connected objects all around us. But what happens when artificial employees become more desirable than the real thing?

One of the common concerns about Industrial Revolution 4.0 is its impact on the job market. This is where robots taking care of the elderly and even children become a reality. Some analysts fear that this transition from human care-givers to androids could take place within as little as 50 years. It does not stop there either – many other service sector professions might easily be performed with the help of artificial intelligence. Unpopular areas of employment such as the enforcement of punishments for traffic violations would be perfect for a robot. After all, they could not be upset no matter how much abuse motorists threw at them. In fact, no robot is required when digital cameras track such traffic offences and other crimes, and people automatically receive a fine or summons. This is of course already happening to an extent, but the fourth industrial revolution is allowing widespread changes that reduce the need for as many human employees. One study predicts that 25 per cent of tasks could be automated by 2025. We might chuckle now when we hear about a hotel in China that is completely run by robots, from receptionists to restaurant staff, but it might not be so funny if this were to become normal. In such a scenario, some economists believe that social inequality would become an even greater problem than it is today and that there would be a larger gap between the 'haves and the have nots'. Wealthy individuals would control the robots and automated systems, while the rest of us would have to adapt to a shrinking and evolving job market in order to get by.

A rational person might presume that all this would never be allowed to happen, especially as we are being warned before it is too late. But in much of the developed world today, free markets are shaping the future. Like most things in life, balance is required to ensure both prosperity and the protection of the vulnerable in society. The problem is that when big businesses acquire so much power that they influence policymaking while also helping to move the invisible hand of the economy, then it is left up to the public at large to decide whether those corporations' products and services succeed or not. Then it comes down to basic principles such as demand and supply. If robots offer greater convenience and fill a gap in demand, then they will succeed. We become endangered by the very freedom that seems like a wonderful alternative to excessive government control. So while most of us would not think of placing our children in the care of androids today, future parents might end up actually demanding top quality education by artificial intelligence. The wheels are already in motion, as is evidenced by the growing popularity of educational smartphone apps and other forms of tech-infused learning.

As has been briefly implied, there may be a political solution. Governments could work with experts unencumbered by business relationships to decide on a regulatory path, thereby ensuring the presence of effective checks and balances. An analogy with fire might be considered, as a flame has both the power to enhance our lives and destroy them. So it is with the fourth industrial revolution, which might well extend life span and quality while bringing more convenience to everything we do. But as religious leaders have been arguing, this shift could also force us to question what it means to be human. Even in purely material terms, it is difficult for us to imagine just how far Industrial Revolution 4.0 could reach, from unbounded wealth and power in the hands of a few to the threat of cyberterrorism silently blackmailing entities or governments.

No single individual can be blamed for wanting to harness the possibilities of a new era. But all of us bear some responsibility with the choices we make to ensure that the age of robot technology and connectivity does not come at the expense of humanity.

*Choose the correct letter, **A, B, C or D**.*

14 In the first paragraph, a care-giver would not feel a real sense of gratitude because

    A they are something from a dystopian novel.

    B they have never learned the way to express true appreciation.

    C they do not want to take over many of the world's jobs.

    D they are robots.

15 The writer refers to the fourth industrial revolution

    A takes us from steam engines to digital technology.

    B is a future where everyday physical objects will be connected to the Internet.

    C powers a better standard of living across the world.

    D is only possible by the stuff of science fiction films.

16 What does the writer suggest about the Chinese hotel?

    A This hotel would be very popular among tourists in the future.

    B Staying at the hotel might not be so funny.

    C A growing number of robot hotels could cause many social problems.

    D Robot hotels would be the best way to save labour costs.

*Complete the summary using the list of words and phrases, **A - K**, below.*

*Write the correct letter, **A - K**, in boxes 17-21 on your answer sheet.*

The influence of Industrial Revolution 4.0 on the job market

The **17** .... of Industrial Revolution 4.0 would be negative on the job market. For example, looking after **18** .... and young children would be a job robots take in half a century. In addition, artificial intelligence could help perform a number of unpopular service jobs such as traffic policing. Some **19** .... estimate that a quarter of jobs would not need human resources in the near future. The gap between rich and poor would be far **20** .... than now because only **21** .... could have the robots and then enjoy their automated lifestyle.

A the rich	**B** poor people	**C** influence	**D** large
E the aged	**F** important	**G** the young	**H** research
I experts	**J** bigger	**K** shrink	

Questions 22-26

*Complete each sentence with the correct ending, **A - G**, below.*

*Write the correct letter, **A - G**, in boxes 22-26 on your answer sheet.*

22 Robots are likely to succeed

23 School education by AI has already started

24 If government officials and experts work together for a regulatory path without external pressure

25 There is an analogy between fire and Industrial Revolution 4.0

26 Enjoying the potential of Industrial Revolution 4.0 can be welcomed

A	as is shown by the growing popularity of learning applications.
B	because both of them could be a double-edged sword.
C	if they provide more convenient lifestyles and meet public demand.
D	the proper checks and balances would be maintained.
E	if we want to harness the possibilities of a new era.
F	as many religious leaders argue.
G	unless it comes at the expense of humanity.

PASSAGE 3

*You should spend about 20 minutes on **Questions 27-40**, which are based on Reading Passage 3 below.*

Questions 27-33

*Reading Passage 3 has eight paragraphs, **A-H**.*

*Choose the correct heading for paragraphs **B-H** from the list of headings below.*

*Write the correct number, **i-ix**, in boxes 27-33 on your answer sheet.*

List of Headings

i	Being ready to take a responsibility
ii	Two conditions of being a good companion
iii	The size of a dog
iv	Heredity in relation to animal breeding
v	The purpose of this guideline
vi	The importance of spending some time on a dog even in a perfect environment
vii	The way to avoid adopting a canine companion on impulse
viii	The cost of pets
ix	The appropriate environment for most dogs

Example	Answer
Paragraph **A**	v

27 Paragraph B

28 Paragraph C

29 Paragraph D

30 Paragraph E

31 Paragraph F

32 Paragraph G

33 Paragraph H

CANINE CONSIDERATIONS

Why it is vital for prospective dog owners to think rationally when choosing the breed of their next best friend

A   Among the many different pets loved around the world, only one has commonly been given the title 'man's best friend' – the dog. Cats may rival dogs when it comes to popularity, but even the most fanatical of feline supporters would have to admit that the two animals are associated with very different levels of responsibility for owners. While cats tend to be more independent, dogs should be considered a particularly high-maintenance companion. It is worth pointing out though that it is the demanding nature of dogs that allows such intimate relationships to be formed even with humans. But anyone thinking about getting a puppy or adult dog should also be aware that there are hundreds of dog breeds, each with their own distinctive physical characteristics and personality traits. There may also be variations within breeds, and of course each dog has an individual temperament. That does not factor in the countless crossbreeds in existence either. Some of these are deliberately bred but it can be difficult to determine a dog's immediate ancestry, especially in a rescue shelter environment. Nevertheless, this guide will provide a useful overview of considerations when choosing a canine companion.

B   The first question any prospective dog owner should ask themselves is whether they are ready to take on the commitment. If they work long hours away from home and have nobody to help take care of their intended pet, then a dog may be the wrong choice of animal altogether. Another important issue is the environment around the home. A city flat, for example, will automatically limit the appropriate breed options to less active types. Some garden space might lift that limit, as would the owner's availability for walks, but absolute honesty about one's circumstances is a must to avoid unnecessary heartbreak.

C   Having passed that initial phase of caution, one should spend some time researching dog breeds. There are around 340 of these according to the World Canine Organisation, but pet shops and shelters may not have more than a dozen or so types available at any one time. Rarer dogs could also cost a fortune from renowned breeders. Nevertheless, doing some research in advance will offer some protection against emotional impulse buying. Breeding history offers some excellent clues as to which animals are likely to be more forgiving. A dog that is bred for pulling a sleigh is not going to be ideal for someone who has no experience with handling a lead, and indeed any breed with very active instincts may be difficult for a novice to control. Given the number of dog breeds, it is impossible to offer in-depth analysis here. That said, some general pointers are possible by dividing owners into categories.

D   For first-time dog owners, we might refer to breeds suited to beginners. Naturally, no dog is born with such a label attached to its forehead, but novices might immediately feel drawn to smaller breeds like the Bichon Frise, Cavalier King Charles Spaniel or Pug. These dogs will happily rest on their owner's lap and will not be overpowering. Being a beginner does not mean having to stick to small dogs exclusively though, as the Golden Retriever is famed for its trainability and gentle nature with both adults and children. Likewise, the Poodle is highly intelligent and known for its willingness to adapt to the limitations of novices. Another Poodle bonus is that it may be more suitable for owners with allergies because it hardly sheds its fur. On the other hand, not all small dogs are best for beginners – the Lhasa Apso, Pekingese and Chihuahua can all pack plenty of aggression into their miniature frames.

E   Another category of owner could be labelled as urban dwellers with small homes. People with limited space are not able to easily satisfy notably energetic breeds unless they can set aside a lot of time for exercise, while other exceptions might include older or disabled animals. Even experienced dog owners should be wary of falling in the trap of presuming that their training skills would compensate for the frustration that some dogs feel after being forced to remain inactive in a small space. Again, ancestry is important here – herding breeds like the Border Collie have hard work in their DNA and would be a challenge for any flat dweller. The urban factor becomes important if a city has very little space in which to be active. Not all big breeds are off the list for those who live in small homes, however. The Greyhound is designed for speed, but not stamina, and is quite happy to live up to its tag as a '40 mph couch potato'. A huge dog such as the Mastiff can also be kept in a flat because of its relaxed personality, although such a big breed might take up a lot more living space.

F   For people who have their own garden or a large home, the limitations become more relaxed for obvious reasons. Many of the factors already mentioned should still be considered, but having more room to breathe makes life easier for both owner and dog alike. A popular suburban choice of dog worldwide is the Labrador Retriever, which is closely related to the beginner-friendly Golden Retriever. The energetic Labrador is the epitome of a bounding family dog, but this breed is also certainly a handful. More or less any dog, with a few exceptions, would be suitable for this category, while bearing in mind the experience level of the prospective owner.

G   A final category of owner at the other end of the extreme from an urban dweller with a small home would be someone based in a rural environment with access to a lot of space. In theory, this situation would be ideal for dogs in need of a lot of exercise, such as the wolf-like Siberian Husky. Having said that, an owner living in the countryside is not necessarily going to be prepared to put in the time required to fulfil the needs of a powerful working animal, so evaluation is still essential.

H   Dogs can be the most loyal and loving of companions, and even more so after determining a good match. Regardless of all other considerations, a well-socialised and trained puppy is likely to become every bit a part of the family as its human relatives.

Questions 34-40

Do the following statements agree with the information given in Reading Passage 3?

In boxes 34-40 on your answer sheet, write

TRUE	*if the statement agrees with the information*
FALSE	*if the statement contradicts the information*
NOT GIVEN	*if there is no information on this*

34   Cats come with a much higher level of responsibility for owners than dogs.

35   It is always easy to find dog breeds.

36   The food of rarer dogs is more expensive than that of crossbreeds.

37   The Golden Retriever is suitable for all ages to look after.

38   The Poodle is best for prospective dog owners with an allergy to animal hair.

39   Small houses in a city could be a good place for animals with physical handicaps.

40   Big houses with a garden would be suitable for all kinds of dogs.

WRITING TASK 1

You should spend about 20 minutes on this task.

> *The graph below shows the amount of money spent on books in Britain, France,*
>
> *Japan and Singapore per capita between 1900 and 2015.*
>
> *Summarise the information by selecting and reporting the main features, and make*
>
> *comparisons where relevant.*

Write at least 150 words.

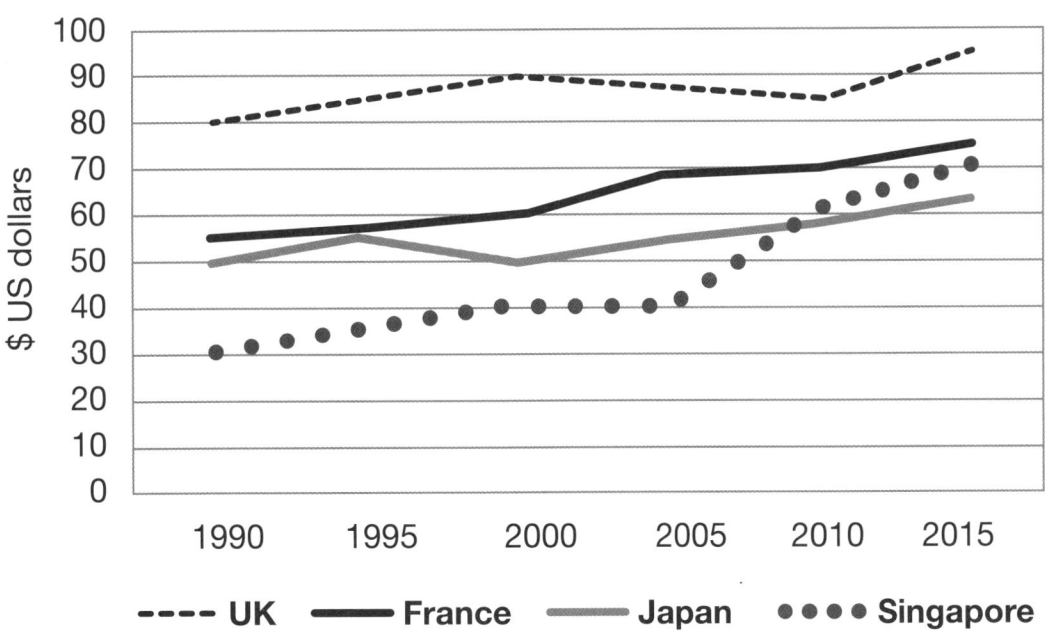

WRITING TASK 2

You should spend about 40 minutes on this task.

Write about the following topic :

> *Without capital punishment our lives are less secure and crimes increase continuously.*
>
> *Do you agree or disagree with this statement?*

Give reasons for your answer and include any relevant examples from your own knowledge or experience.

Write at least 250 words.

SPEAKING

Speaking File Free Download : sunnysunday.co.kr / blog.naver.com/iloveielts

PART 1

· What is your full name?

· Can I see your ID?

· Where are you from?

· Do you work or study?

· What do you do?

· What do you like the most about your job?

· Do you like to dance? Why?

· Did you learn how to dance in school?

· Where do people usually dance in your country?

· Do you like to watch other people dance?

· Why do people like to dance in your opinion?

SPEAKING
QR Code

PART 2

Describe a mistake that you made in the past.

You should say :
    what the mistake was
    when and where you did it
    why you made it
and explain what you learned from it.

You will have to talk about the topic for one to two minutes.
You have one minute to think about what you are going to say.
You can make some notes to help you if you wish.

PART 3

· Do you think children should be allowed to make mistakes?

· What should teachers do when students make mistakes?

· Do you think parents make mistakes too?

· Do you think it is in human nature to conceal one's shortcomings?

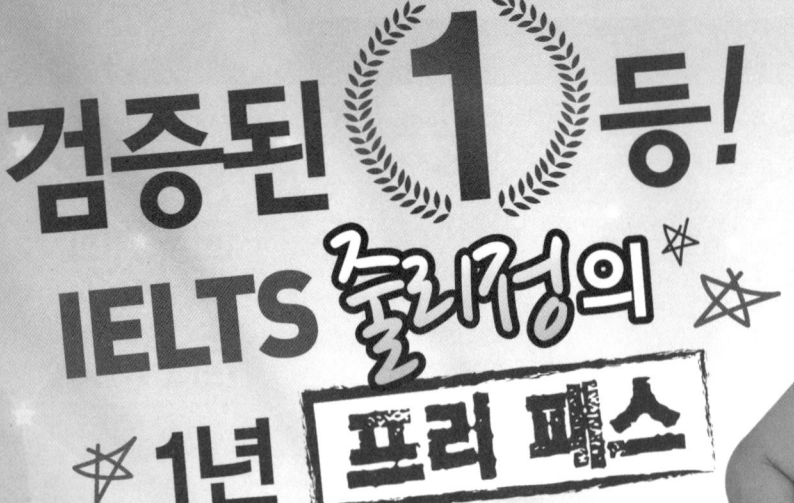

www.megaEnglish.net

메가잉글리시
온라인 강좌

검증된 **1**등!
IELTS 줄리정의
★ 1년 프러 패스

기초부터 실전까지 아이엘츠의 모든 영역을
꼼꼼히 점검하고자 하는 분들께 강력 추천합니다!

아이엘츠를 위한 가장 완성된 커리큘럼

Level 1
유형분석

국내 유일!
아이엘츠 전과목 기본 강좌

최신 경향과 아이엘츠 필살
노하우를 제공합니다.

Level 2
집중학습

문법, 어휘, Speaking
Writing, 실전테스트!
아이엘츠 과목 별 집중 학습

아이엘츠 고득점 노하우가
모두 담긴 과목 별
집중 학습법을 제시합니다.

Level 3
실전대비

캠브리지의
최신 기출 문제 완벽 대비!

Cambridge IELTS 8부터 11까지!
가장 먼저 인강으로 시작할 수 있는 특권.
줄리정이기 때문에 가능합니다.

Level 4
실전훈련

아이엘츠 전문가의
1대1 첨삭 서비스

직접 쓰고 말해 보는
훈련 없이 고득점은 없습니다.

megaEnglish 메가잉글리시 메가스터디에서 만든 영어 전문 학습사이트   메가잉글리시 ▼

 **Mock Test 1**

 **BRITISH COUNCIL**

IELTS Listening and Reading Answer Sheet

Centre number:

Pencil must be used to complete this sheet.

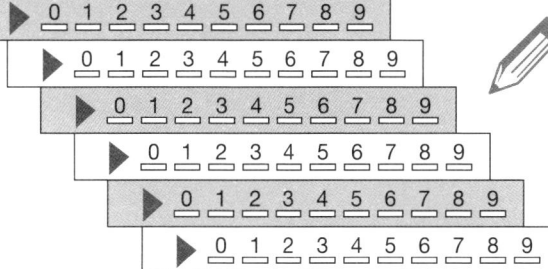

```
0 1 2 3 4 5 6 7 8 9
0 1 2 3 4 5 6 7 8 9
0 1 2 3 4 5 6 7 8 9
0 1 2 3 4 5 6 7 8 9
0 1 2 3 4 5 6 7 8 9
0 1 2 3 4 5 6 7 8 9
```

Please write your full name in CAPITAL letters on the line below:

SAMPLE

Then write your six digit Candidate number in the boxes and shade the number in the grid on the right.

Test date (shade ONE box for the day. ONE box for the month and ONE box for the year):

Day: 01 02 03 04 05 06 07 08 09 10 11 12 13 14 15 16 17 18 19 20 21 22 23 24 25 26 27 28 29 30 31

Month: 01 02 03 04 05 06 07 08 09 10 11 12   **Year** (last 2 digits): 13 14 15 16 17 18 19 20 21

	Listening Listening Listening	Marker use only		Listening Listening Listening	Marker use only
1		✓ 1 ✗	21		✓ 21 ✗
2		✓ 2 ✗	22		✓ 22 ✗
3		✓ 3 ✗	23		✓ 23 ✗
4		✓ 4 ✗	24		✓ 24 ✗
5		✓ 5 ✗	25		✓ 25 ✗
6		✓ 6 ✗	26		✓ 26 ✗
7		✓ 7 ✗	27		✓ 27 ✗
8		✓ 8 ✗	28		✓ 28 ✗
9		✓ 9 ✗	29		✓ 29 ✗
10		✓ 10 ✗	30		✓ 30 ✗
11		✓ 11 ✗	31		✓ 31 ✗
12		✓ 12 ✗	32		✓ 32 ✗
13		✓ 13 ✗	33		✓ 33 ✗
14		✓ 14 ✗	34		✓ 34 ✗
15		✓ 15 ✗	35		✓ 35 ✗
16		✓ 16 ✗	36		✓ 36 ✗
17		✓ 17 ✗	37		✓ 37 ✗
18		✓ 18 ✗	38		✓ 38 ✗
19		✓ 19 ✗	39		✓ 39 ✗
20		✓ 20 ✗	40		✓ 40 ✗

Marker 2 Signature	Marker 1 Signature	Listening Total

Please write your full name in CAPITAL letters on the line below:

SAMPLE

Please write your Candidate number on the line below:

_____

Please write your three digit language code in the boxes and shade the numbers in the grid on the right.

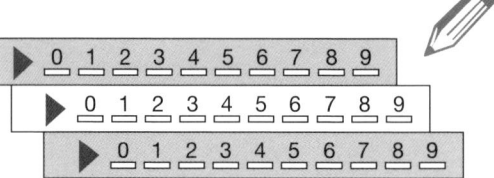

0 1 2 3 4 5 6 7 8 9

0 1 2 3 4 5 6 7 8 9

0 1 2 3 4 5 6 7 8 9

Are you: Female? ▭ Male? ▭

| Reading | Reading | Reading | Reading | Reading | Reading |

Module taken (shade one box): Academic ▭ General Training ▭

		Marker use only			Marker use only
1		✓ 1 ✗	21		✓ 21 ✗
2		✓ 2 ✗	22		✓ 22 ✗
3		✓ 3 ✗	23		✓ 23 ✗
4		✓ 4 ✗	24		✓ 24 ✗
5		✓ 5 ✗	25		✓ 25 ✗
6		✓ 6 ✗	26		✓ 26 ✗
7		✓ 7 ✗	27		✓ 27 ✗
8		✓ 8 ✗	28		✓ 28 ✗
9		✓ 9 ✗	29		✓ 29 ✗
10		✓ 10 ✗	30		✓ 30 ✗
11		✓ 11 ✗	31		✓ 31 ✗
12		✓ 12 ✗	32		✓ 32 ✗
13		✓ 13 ✗	33		✓ 33 ✗
14		✓ 14 ✗	34		✓ 34 ✗
15		✓ 15 ✗	35		✓ 35 ✗
16		✓ 16 ✗	36		✓ 36 ✗
17		✓ 17 ✗	37		✓ 37 ✗
18		✓ 18 ✗	38		✓ 38 ✗
19		✓ 19 ✗	39		✓ 39 ✗
20		✓ 20 ✗	40		✓ 40 ✗

| Marker 2 Signature | | Marker 1 Signature | | Reading Total | |

 **Mock Test 1**

 BRITISH COUNCIL

IELTS Writing Answer Sheet - TASK 1

Candidate Name

Centre Number

Candidate Number

Module (shade one box):   Academic ▭   General Training ▭

Test date

D D   M M   Y Y Y Y

TASK 1

Do not write below this line

TASK 1

Do not write below this line

 **Mock Test 1**

 **BRITISH COUNCIL**

IELTS Writing Answer Sheet - TASK 2

Candidate Name

Centre Number

Candidate Number

Module (shade one box):   Academic ⬜   General Training ⬜

Test date

D   D   M   M   Y   Y   Y   Y

TASK 2

Do not write below this line

 **Mock Test 1**

 **BRITISH COUNCIL**

IELTS Writing Answer Sheet - TASK 2

TASK 2

Do not write below this line

문제풀이

☑ 1번부터 4번 문제까지 관련된 내용이 먼저 나오는 것을 리코딩을 통해 확인한다.

☑ NO MORE THAN TWO WORDS AND/OR A NUMBER를 확인한다.

(경우의 수는 총 5개 : 단어 1개, 단어 2개, 숫자 1개, 단어 1개 + 숫자 1개, 단어 2개 + 숫자 1개)

1. February 28 / February 28th / 28 February / 28th February

날짜를 받아 적는 문제다. 'date'는 날짜, 'day'는 요일을 적는 문제임을 헷갈리지 말자. Example의 정답인 Brown을 듣고 난 후 1번 문제의 키워드인 'your club membership expires'를 듣고 바로 답을 받아 적는다. 'at the end of this month'도 좋은 힌트가 될 수 있다. 2월은 보통 28일까지 있으니까. 'February'의 첫 글자는 반드시 대문자로 적고, 만약 스펠링이 틀렸다면, 'January'부터 'December'까지 10번씩 쓰면서 스펠링을 완벽하게 외운다. 스펠링에 자신이 없으면 리스닝 점수는 절대 오르지 않는다!

2. six months / 6 months

시간을 받아 적는 문제다. 'B Set'이라는 단어와 'for'를 듣고 바로 답을 받아 적는다. 'for + 숫자'이기 때문에 숫자를 적되 반드시 단위도 함께 적어야 한다. 6이라고만 쓰면 '6 hours'인지 '6 years'인지 알 수 없기 때문에 반드시 'months'까지 적고 6은 복수이기 때문에 반드시 'month'뒤에 s를 붙여야 한다.

3. aerobic

헬스 클럽 수업을 의미하는 명사를 받아 적는 문제다. 'If you sign up for our 'A Set' package by this evening'을 듣고, 'an extra month free'가 나오면 바로 답을 받아 적는다.

4. Rebounding / Trampolining

헬스 기구를 의미하는 명사를 받아 적는 문제다. 'From next month'를 듣고 'we'll also be introducing'이 나오면 바로 답을 받아 적는다. 'rebounding'을 2번 반복하고 있고 'trampolining'이라고도 알려져 있다는 이야기를 하고 있기 때문에 'rebounding'과 'trampolining' 모두 답이 된다. 첫 번째 단어이기 때문에 첫 글자는 대문자로 쓴다.

5. 58.99

헬스 클럽 한 달 이용료를 숫자로 받아 적는 문제다. "'B Set' I've been paying around £60 a month'를 듣고 일단 60이라고 적은 후, '£58.99 to be precise'를 듣고 58.99로 답을 쓴다. 파운드(£)는 이미 문제에 제시되어 있기 때문에 쓰지 않고 숫자만 쓴다.

6. swimming pool

헬스 클럽 시설이나 장소를 의미하는 명사를 받아 적는 문제다. 'A Set'를 듣고 'all-day access'가 나오면 바로 답을 받아 적는다. 'swimming' 스펠링을 쓸 때 m이 두 개인 것에 주의!

7. Off-peak

시간을 나타내는 형용사를 받아 적는 문제다. 오전 11시부터 오후 4시까지는 비교적 한가한 시간대인 것에 힌트를 얻는다. 'off-peak'가 'from 11 am to 4 pm'보다 먼저 나왔기 때문에 정답이 시간을 나타내는 형용사인 것을 미리 분석하지 않았다면 맞추기 어려운 문제다. 첫 번째 단어이기 때문에 첫 글자는 대문자로 쓴다.

8. reception

전치사 at을 보고 장소를 의미하는 명사를 받아 적는 문제임을 파악한다. 'my new package at the'가 나오면 바로 답을 받아 적는다.

9. today

시간을 의미하는 명사를 받아 적는 문제다. 'the pool'이라는 단어를 듣고, 'I will make a note to grant you full access from'이 나오면 바로 답을 받아 적는다.

10. Savannah / SAVANNAH

사람 이름을 받아 적는 문제다. 'the receptionist, Savannah Vilaubi'라는 단어를 듣고 'Savannah'를 들리는 대로 [서바나]라고 일단 적어둔 후, 'Savannah, S-A-V-A-double N-A-H'를 들으면서 철자를 모두 받아 적은 다음 [서바나]라고 발음이 나는지 다시 한 번 확인한다. 사람 이름이기 때문에 첫 글자는 대문자로 쓰고 'N'이 2번 나올 경우 'double N'이라고 말하는 것을 기억한다. 스펠링을 틀리게 적었다면 📖 'NEW 줄리정 불법 아이엘츠' 59페이지에 나와있는 '사람 이름 스펠링 받아 적는 문제'를 mp3로 듣고 받아 적는 연습을 하자.

SECTION 2   *Questions 11-20*

Questions 11-15

Complete the notes below.
아래의 노트를 완성하세요.

*Write **NO MORE THAN TWO WORDS OR A NUMBER** for each answer.*
각각의 답에 두 개의 단어를 넘지 않게 혹은 숫자를 쓰세요.
(경우의 수는 총 3개 : 단어 1개, 단어 2개, 숫자 1개)

Crown Royal Gallery
크라운 로얄 갤러리

Advice to volunteers
자원 봉사자들에게 조언

· Although the normal opening hours are from 9 to 6 on weekdays, we'll be closing at 4.30 pm today.
· 비록 정상적인 개관 시간은 평일 9시부터 6시까지이지만, 우리는 오늘 4시 30분에 문을 닫을 것이다.

· About **11** *숫자 / 인원수*   volunteers need to roam around the gallery at **12** *숫자 / 시간* pm to let visitors know their tour will finish soon.
· 약 .... 명의 자원 봉사자들은 .... 시에 방문객들에게 그들의 방문이 곧 끝난다는 것을 알려주기 위해 갤러리를 돌아 다녀야 한다.

· Some of them can be at the **13** *문의 종류 / 정문, 후문?*   doors to welcome invited private party guests.
· 그들 중 몇 명은 초대된 비공개 파티 손님들을 환영하기 위해 .... 문에 있을 수 있다.

· Most invitees are from the local community such as the **14** *명사 / 직업?*   and business leaders.
· 대부분의 초대 받은 사람들은 .... 과 기업 지도자 같은 이 지역 사회 출신이다.

· At 7 pm, volunteers should be in position at their assigned locations.
· 7시에 자원 봉사자들은 배정된 장소에 위치해야 한다.

· All volunteers need to have **15** *명사 / 지도와 지시사항이 포함된 것*   including a map and directions.
· 모든 자원 봉사자들은 지도와 지시사항이 포함된 .... 을 가지고 있어야 한다.

문제풀이

☑ 11번부터 15번까지 문제는 NO MORE THAN TWO WORDS OR A NUMBER를 확인한다.

(경우의 수는 총 3개 : 단어 1개, 단어 2개, 숫자 1개)

11. six / 6

인원수를 숫자로 받아 적는 문제다. 11번 문제 위에 있는 'at 4.30 pm'이 들리면 바로 11번의 정답인 숫자를 듣고 받아 적을 준비를 한다. 'half a dozen'이 12의 반, 즉 6임을 빨리 인식할 수 있어야 한다. 'half a dozen'이라고 쓰면 3단어이기 때문에 오답이다.

12. four / 4

전치사 at과 pm을 통해서 시간을 숫자로 받아 적는 문제임을 파악한다. 'walk through the gallery at'이 나오면 바로 답을 받아 적는다. 오늘 4.30에 문을 닫기 때문에 그 전에 방문객에게 미리 알려야 한다.

13. front

문의 종류를 받아 적는 문제다. 보통 정문(front door)이나 후문(back door)이 주로 나온다.

14. mayor

'business leaders'와 and로 연결되기 때문에 직업이나 직급을 나타내는 명사임을 파악한다. 'Most of the invitees are from the local community, including the'를 듣고 답을 받아 적는다. 'including'과 'such as'는 예시 앞에 쓰는 동의어이다.

15. information packs

지도와 지시사항을 포함한 것을 일컫는 명사를 적는 문제다. 15번 문제 위에 있는 'At 7 pm, volunteers should be in position at their assigned locations.'을 듣고 바로 15번 문제를 준비한다. 문제의 'should'와 'need to'는 '~를 해야 한다'라는 뜻의 동의어임을 인식하고 'have'를 듣고 답을 받아 적는다. 'information pack'은 셀 수 있는 명사이기 때문에 반드시 복수로 적어야 한다.

Questions 16-18

What does the speaker say about each of the following works of art?
다음에 나오는 각각의 예술 작품에 대해서 말하는 사람은 뭐라고 말합니까?

Choose **THREE** *answers from the box and write the correct letter,* **A - E**, *next to Questions 16 -18.*
다음 16번부터 18번 문제에 대해 박스에서 세 개의 정답을 고른 후, A부터 E 중에서 올바른 철자를 쓰세요.

Comments
언급

A was a depiction of the Marquess of Rockingham.
록킹엄 후작을 묘사한 것이었다.

B was painted by an American artist.
미국인 예술가에 의해 그려졌다.

C is a beautiful full–scale picture of a racehorse.
아름다운 실물 크기의 경주마 그림이다.

D was not popular until the early 20th century.
20세기 초 까지는 인기가 없었다.

E is far from the classical style of some other pieces in the gallery.
이 갤러리에 있는 어떤 다른 고전 양식의 작품과는 다르다.

Works of Art

16	Whistlejacket	휘슬재킷
17	Mr and Mrs Andrews	앤드루스 부부
18	Dreaming Horse	꿈꾸는 말

Questions 19-20

Choose **TWO** *letters,* **A - E**.
다음에 나오는 각각의 예술

Which **TWO** things are the volunteers going to do next?
자원 봉사자들은 어떤 두 가지를 다음에 할 것입니까?

A enjoy a complimentary lunch   무료 점심을 즐긴다
B roam around in a time sequence   시간 순서에 따라 돌아다닌다
C go to the Golden Banquet Suite at 1 pm for dietary requirements   특이 식이사항을 위해 1시에 골든 부케 스위트에 간다
D have a free lunch by midday   정오까지 무료 점심을 먹는다
E spend time on leisure activities   여가 활동으로 시간을 보낸다

문제풀이

☑ 16번부터 18번까지 문제는 독해 실력 없이는 풀기 어렵다. 리코딩을 듣기 전 반드시 'Comments'을 정확하게 해석해야 한다.

16. C

'Whistlejacket'이 나오면 집중해서 듣는다. 'It is an exquisite lifesize portrait of a racehorse'를 듣고 같은 뜻인 **C**를 정답으로 고른다.

17. D

'Mr and Mrs Andrews'가 나오면 집중해서 듣는다. 'Remarkably, it was virtually unknown until the 1920s.'를 듣고 같은 뜻인 **D**를 정답으로 고른다. 1900년대는 20세기, 2000년대는 21세기이고, 1920s는 20세기 초이다.

18. E

'Dreaming Horse'가 나오면 집중해서 듣는다. 'can be contrasted with the classical style of 'Whistlejacket''을 듣고 같은 뜻인 **E**를 정답으로 고른다.

☑ 19번과 20번 문제의 보기 A부터 E는 알파벳 순서대로 나오지 않는다. 답은 19번에 B, 20번에 A라고 해도 되고, 19번에 A, 20번에 B 라고 해도 된다.

19. B

'the chronological progression'과 'a time sequence'는 '시간 순서'라는 뜻의 동의어이다.

20. A

'free'와 'complimentary'는 '무료의'라는 뜻의 동의어이다.

SECTION 3   *Questions 21-30*

Questions 21 - 23

*Choose the correct letter, **A, B or C**.*
A, B 혹은 C 중에서 올바른 철자를 고르세요.

21 Why do most people know Rachael as Helen?
왜 대부분의 사람들은 레이첼을 헬렌으로 알고 있습니까?

    A   She writes under the pen name of Helen.   그녀는 헬렌이라는 필명으로 글을 쓴다.

    B   Helen was her character on a TV program.   헬렌은 TV 프로그램에서 그녀의 캐릭터이다.

    C   Helen is her real name.   헬렌이 그녀의 본명이다.

22 She and her publisher decided the name, 'Helen & The Wonderful Wizards of Aus' for her book to
그녀와 출판사는 그녀의 책 제목을 '헬렌과 호주의 훌륭한 마법사들'이라고 정했는데

    A   draw more readers' interest.   더 많은 독자의 관심을 끌기 위해서.

    B   use a clear name.   명확한 이름을 사용하기 위해서.

    C   use the same name as her sitcom.   그녀의 시트콤과 똑같은 이름을 사용하기 위해서.

23 'Helen & The Wonderful Wizards of Aus' is
'헬렌과 호주의 훌륭한 마법사들'은

    A   a story about trying all sorts of wonderful strategies, but most of them fail.
        훌륭한 모든 종류의 전략들을 시도했지만 대부분 실패한 이야기.

    C   a book about science and technology lovers.   과학과 기술을 좋아하는 사람들에 대한 책.

    B   a chance to correct misunderstandings about Australia.   호주에 대한 오해들을 바로 잡는 기회.

문제풀이

☑ 21번부터 23번까지 문제는 독해 실력 없이는 풀기 어렵다. 리코딩을 듣기 전 반드시 문제와 보기들을 정확하게 해석해야 한다.

21. B

'Rachael'이 나오면 집중해서 듣는다. 'but' 다음에 주로 답과 관련된 말이 나오는 것을 인식하고 'you might simply know her as Helen from the hit TV sitcom 'Helen & Troy''를 듣고 같은 내용의 **B**를 정답으로 고른다.

22. A

'Helen & The Wonderful Wizards of Aus'가 나오면 집중해서 듣는다. 'My publisher and I' 다음에 답이 나올 것임을 예상하고 'but' 다음 문장인 'it seemed pretty clear that using the Helen character would attract more attention!'을 듣고 같은 내용의 **A**를 정답으로 고른다.

23. C

'this book'이 'Helen & The Wonderful Wizards of Aus'을 의미하는 것을 인식하고 'an opportunity to set the record straight'를 듣고 같은 내용의 **C**를 정답으로 고른다.

Questions 24-30

Complete the notes below.
아래의 노트를 완성하세요.

*Write **NO MORE THAN TWO WORDS** for each answer.*
각각의 답에 두 개의 단어를 넘지 않게 쓰세요. *(경우의 수는 총 2개 : 단어 1개, 단어 2개)*

Helen's Top Picks in the studio
이 스튜디오에서 헬렌이 뽑은 최고의 제품들

Wi-Fi 와이파이

· The Australian **24** 명사 / 직업? John O'Sullivan and his co-workers patented a technique in the 1990s.
호주의 .... 존 오설리번과 그의 동료들은 1990년대에 기술 특허를 받았다.

· In fact, O'Sullivan had been trying to discover exploding small **25** 명사 / 발견하려 했던 대상 .
사실상, 오설리번은 폭발하는 작은 .... 을 발견하려고 했었다.

· Lesson : Even when an **26** 명사 / 단수 / 모음으로 발음이 시작되는 단어 seems to be failing, we need to open our eyes to new possibilities.
교훈 : .... 이 실패하는 것처럼 보일 때조차도 우리는 새로운 가능성에 눈을 크게 뜨고 지켜봐야 한다.

Power Strip 멀티탭

· An **27** 명사 / 단수 / 모음으로 발음이 시작되는 단어 / 사람 관련 단어 working at a large appliance manufacturer invented the strip in the 1970s.
대형 가전 제품 생산회사의 .... 는 1970년대에 이 멀티탭을 개발했다.

· Lesson : We should always patent our inventions.
교훈 : 우리는 항상 우리의 발명품에 특허를 받아야 한다.

· The innovator could not be paid any **28** 명사 / 멀티탭으로 지불 받아야 하는 것 from the strip.
이 혁신가는 이 멀티탭에 대해서 어떠한 .... 도 받지 못했다.

Sheep Shearing Machine 양털 깎기 기계

· Unaipon was born in 1872 and died at the age of 94.
유나이펀은 1872년에 태어나서 94세의 나이에 죽었다.

· Unaipon had to fight against **29** 형용사? stereotypes.
유나이펀은 .... 고정관념과 싸워야만 했다.

Polymer Banknote 폴리머 지폐

· Countries keep adopting their own plastic money, which also lasts much longer than the **30** 명사 / plastic와 대조되는 것 / 오래가지 못하는 것 . type.
국가들은 .... 타입보다 훨씬 더 오래가는 플라스틱 돈을 계속해서 쓰고 있다.

문제풀이

☑ 24번부터 30번까지 문제는 NO MORE THAN TWO WORDS를 확인한다.
(경우의 수는 총 2개 : 단어 1개, 단어 2개)

24. astronomer

존 오설리번을 수식해 주는 명사로, 뒤에 나오는 'his co-workers' 등을 미루어 짐작했을 때 직업과 관련된 단어가 나올 수 있지 않을까 예상해 본다. 'top picks'와 'Wi-Fi'를 듣고 24번 문제 풀 준비를 한 후 'In the 1990s'와 'the Australian'을 듣고 바로 정답을 받아 적는다. 주관식 답으로는 조금 어려울 수 있지만 이 정도 난이도의 단어도 한두개 정도 출제된다.

25. black holes

발견하려 했던 대상, 명사를 적는 문제다. 'O'Sullivan had actually been trying to detect exploding mini'를 듣고 정답을 받아 적는다. 'actually'와 'In fact' 그리고 'mini'와 'small'이 동의어임을 확인한다. 'black hole'은 셀 수 있는 명사이기 때문에 반드시 복수로 적어야 한다.

26. experiment

문제 앞의 an을 보고 모음(a/i/u/e/o)으로 발음이 시작되는 단수 명사를 적는 문제임을 확인한다. 모음으로 발음이 시작되는지 아닌지 모르는 경우에는 단어의 첫 스펠링이 모음인지를 확인해도 90% 정도는 맞다. 'the lesson there is to keep your eyes open to new possibilities'를 듣고 'an'이 나오면 바로 답을 받아 적는다. 문제에 'an'이라고 나올 경우, 리코딩에도 'an'이라고 그대로 나올 확률은 70%이고, 문맥에 따라서 'the' 또는 '소유격' 등으로 나올 수 있다.

27. employee

문제 앞의 an을 보고 모음으로 발음이 시작되는 단수 명사, 'working'과 'invented'를 보고 사람과 관련된 단어임을 알 수 있다. 'power strip'을 듣고 27번 문제 풀 준비를 하고, 'That strip'과 'was invented'를 듣고 'an'이 나오면 바로 답을 받아 적는다.

28. royalty / royalties

멀티탭으로 지불 받아야 하는 명사를 적는 문제다. 'There is another lesson from this story though, and it's a tough one - always patent your inventions!'를 듣고 28번 문제 풀 준비를 한 후 'the innovator'와 'received'를 듣고 'any'가 나오면 바로 답을 받아 적는다. 'received'와 'paid'는 동의어이다. 'royalties'라고 들리는 대로 적는 것이 가장 좋지만 any 다음에는 단수와 복수 모두 올 수 있기 때문에 'royalty'도 정답이 된다.

29. racial

형용사를 적는 문제다. 'mechanical sheep-shearer'와 'Born in 1872, Unaipon lived to 94.'를 듣고 29번 문제 풀 준비를 한 후, 'battle'과 'fight'가 동의어임을 인식하고 'against'가 나오면 바로 답을 받아 적는다.

30. paper

plastic과 대조되는, 오래가지 못하는 성질을 가진 명사를 적는 문제다. 'polymer banknote'와 'plastic money'를 듣고 30번 문제 풀 준비를 한 후 'also lasts a lot longer than'듣고 'the'가 나오면 바로 답을 받아 적는다.

SECTION 4   *Questions 31-40*

Questions 31-32

*Choose the correct letter, **A, B or C**.*
A, B 혹은 C 중에서 올바른 철자를 고르세요.

31 According to the speaker, The Red Lion pub
말하는 사람에 따르면, 더 레드 라이온 술집은

    A supports this event to be held every week.   이 이벤트가 매주 열리도록 지원한다.

    B was established in the 18th century.   18세기에 설립되었다.

    C was famous for selling the first Stilton cheese.   최초의 스틸톤 치즈를 팔아서 유명해졌다.

32 The speaker wants to stimulate people's appetite more with
말하는 사람은 (무엇)으로 사람들의 식욕을 좀 더 돋우기 원한다.

    A a brief overview of George Orwell.   조지 오웰에 대한 간략한 개요.

    B a short introduction of Stilton.   스틸톤에 대한 짧은 소개.

    C a detailed story of Stilton.   스틸톤에 대한 자세한 이야기.

☑ 31번과 32번 문제는 독해 실력 없이는 풀기 어렵다. 리코딩을 듣기 전 반드시 문제와 보기들을 정확하게 해석해야 한다.

31. B

'The Red Lion'이 나오면 집중해서 듣는다. 'opened for business back in the 18th century'를 듣고 같은 뜻인 **B**를 정답으로 고른다.

32. B

'I want to whet your appetite further with'가 나오면 집중해서 듣는다. 'a brief overview of Stilton'을 듣고 같은 뜻인 **B**를 정답으로 고른다.

Questions 33-40

Complete the notes below.
아래의 노트를 완성하세요.

*Write **ONE WORD ONLY** for each answer.*
(경우의 수는 총 1개 : 단어 1개)

'British Cuisine Magazine' event : Stilton
'영국 요리 잡지' 이벤트 : 스틸톤

Protected Designation of Origin 농산품의 지리적 표시와 원산지 보호 규정

· Stilton is only produced in Derbyshire, Leicestershire and Nottinghamshire throughout the world.
  스틸톤은 전 세계에서 더비셔, 레스터셔 그리고 노팅엄셔에서만 생산된다.

· The village of Stilton is the place that this cheese initially **33** 동사/과거 in the 1700s.
  스틸톤 마을은 1700년대에 이 치즈가 처음 .... 한 곳이다.

· The location of Stilton surely helped spread its most famous namesake's **34** 명사 .
  스틸톤 지역은 이것의 가장 유명하고 같은 이름을 가진 것의 .... 을 퍼트리는데 확실히 도움을 주었다.

Variety 품종

· Stilton produces a greatly pungent **35** 명사/단수 and looks similar to Gorgonzola.
  스틸톤은 매우 톡 쏘는 .... 을 만들어내고 고르곤졸라와 비슷하게 생겼다.

· Stilton is a great choice for families to share on special **36** 명사/기념일? such as Christmas.
  스틸톤은 가족들이 크리스마스와 같은 특별한 .... 에 함께 하기 좋은 선택이다.

· Blue veins thread from the centre of Stilton throughout the cylindrical structure of it.
  푸른 줄무늬들은 이 치즈의 중심부로부터 치즈의 원통형 구조 전체에 걸쳐 가늘게 퍼져 있다.

· Although Stilton are crumbly, some mature samples are quite **37** 형용사/crumbly와 대조되는 것 .
  비록 스틸톤은 잘 바스러지지만, 어떤 숙성된 샘플들은 꽤 ....

· Although Stilton is perfectly legitimate and also enjoys PDO status, it is rare.
  비록 스틸톤은 완전히 합법적이고 농산품의 지리적 표시와 원산지 보호 규정 지위를 누리고 있지만 이것은 희귀하다.

Dream 꿈

· The British Cheese Board advised that most people have **38** 형용사? dreams when they sleep after
  eating just a little Stilton.
  영국의 치즈 위원회는 대부분의 사람들이 스틸톤 치즈를 조금이라도 먹은 후 잠을 잘 때 .... 한 꿈을 꾼다고 조언했다.

Next Gathering 다음 모임

· The food for the next meeting is a traditional roast **39** 명사/음식 종류 meal with all the classic trimmings.
  다음 미팅의 음식은 전통적인 .... 구이 요리와 그에 곁들이는 훌륭한 음식이다.

· The chef's Yorkshire pudding is one of the best in England.
  주방장의 요크셔 푸딩은 영국에서 가장 맛있는 것 중의 하나이다.

· Before going back home, filling in a **40** 명사/문서 양식의 종류 form is recommended.
  집으로 돌아가기 전에, ... 양식을 작성하는 것을 권장한다.

· The gathering next month will be on St George's Day.
  다음 달 모임은 성 조지 축제일에 열린다.

문제풀이

☑ 33번부터 40번까지 문제가 나오기 전 약 5초 정도의 침묵이 있다. 문제를 풀다가 갑자기 5초 정도 아무 소리도 들리지 않는다면 다음 문제 유형으로 넘어가거나, 다른 단락이 시작되는 것임을 인식하자!

☑ 33번부터 40번까지 문제는 ONE WORD ONLY를 확인한다.
  (경우의 수는 총 1개 : 단어 1개)

33. emerged

that 이하의 문장에 동사가 없고 1700년대라는 과거년도로 미루어 동사의 과거형을 적는 문제임을 확인한다. 'protected designation of origin'과 'Derbyshire, Leicestershire and Nottinghamshire'를 듣고 33번 문제 풀 준비를 한 후 'this cheese'를 듣고 'first'가 나오면 바로 답을 받아 적는다. 'first'와 'initially'는 동의어이다. 끝이 '~d'나 '~ed'로 끝나는 단어는 정확하게 스펠링을 받아 적기 어렵다. 스펠링을 틀리게 적었다면 📖 'NEW 줄리정 불법 아이엘츠' 54~57 페이지에 나와있는 '정답으로 자주 나오는 단어들의 스펠링'을 mp3로 듣고 받아 적는 연습을 하자.

34. reputation

문제 앞의 소유격을 보고 명사를 적는 문제임을 확인한다. 'Stilton's location'을 듣고 'certainly helped spread its most famous namesake's'가 나오면 바로 답을 받아 적는다.

35. odour / odor

문제 앞의 a+부사+형용사를 보고 단수 명사를 적는 문제임을 확인한다. 'variety'를 듣고 'extremely pungent'가 나오면 바로 답을 받아 적는다. 'extremely'와 'greatly'는 동의어이다. 영국식 스펠링(odour)과 미국식 스펠링(odor) 모두 정답이다.

36. occasions

문제 뒤의 'Christmas'를 보고 기념일이라는 뜻의 명사를 적는 문제임을 확인한다. 'but' 다음에 주로 답과 관련된 말이 나오는 것을 인식하고, 'it is a popular choice for families to share on'을 듣고 'special'이 나오면 바로 답을 받아 적는다.

37. creamy

'crumbly'와 대조되는 형용사를 적는 문제다. 'blue veins'을 듣고 37번 문제 풀 준비를 한 후 'but' 다음에 주로 답과 관련된 말이 나오는 것을 인식한다. 'crumbly'와 'a couple of mature samples'를 듣고 'quite'이 나오면 바로 답을 받아 적는다.

38. odd / strange

형용사를 적는 문제다. 'The British Cheese Board'를 듣고 'warned'와 'advised'가 동의어인 것을 인식한 후 'most people have'가 나오면 바로 답을 받아 적는다. odd가 정답이지만, 앞에서 언급된 'strange'도 동의어로 정답이다.

39. beef

음식의 종류를 일컫는 명사를 적는 문제다. 'next month we will be gathering'을 듣고 'a traditional roast'가 나오면 바로 답을 받아 적는다.

40. registration

문서 양식의 종류를 의미하는 명사를 적는 문제다. 'the chef's Yorkshire puddings'을 듣고 40번 문제 풀 준비를 한 후 'fill out a'를 듣고 바로 답을 받아 적는다.

SECTION 1

Man :	Hello?	
Woman :	Good morning, I'm calling from The Kettlebell Health Club. Is this Mr Andrew <u>Brown</u> of 3, Cloverleaf Drive?	*Example*
Man :	Oh right, yes this is he.	
Woman :	Do you have a few moments to speak now?	
Man :	I have to leave for college in a few minutes but sure I can talk for a bit. Is there something wrong?	
Woman :	No sir, we just wanted to let you know that your club membership expires at the end of this month, <u>February 28</u>. Did you wish to renew?	*Q1*
Man :	Really? I thought I had another couple of months left?	
Woman :	Let me see, you signed up with us on August 30 and we started your membership officially on September 1. Your package was the 'B Set' for <u>six months</u>. So that means that your card will no longer grant you entry from the start of March, which is obviously next month.	*Q2*
Man :	Wow the time has flown by! Well, I am interested in renewing but I may want to switch packages because I have quite a lot on my plate these days.	
Woman :	That's no problem at all. Would you like me to take you through the options? I know you're pushed for time but we have a special offer that expires today.	
Man :	Oh I see, what is it?	
Woman :	If you sign up for our 'A Set' package by this evening, we'll throw in an extra month free plus unlimited access to our <u>aerobic</u> classes.	*Q3*
Man :	That sounds pretty good! Until now I've mainly just used the weights room. What classes do you offer?	
Woman :	We've got a range, from pilates to spinning. Basically, something for everyone! From next month we'll also be introducing <u>rebounding</u>.	*Q4*
Man :	<u>Rebounding</u>?	*Q4*
Woman :	Yes, otherwise known as <u>trampolining</u>! In fact, it involves a mini-trampoline, or a rebounder. It's becoming more and more popular these days because rebounding incorporates all of the muscle groups and experts consider it to be an extremely effective workout option.	*Q4*

불법 포인트

expire : 만료되다, 만기가 되다	renew : 갱신하다	officially : 공식적으로
grant : 승인하다, 인정하다	entry : 입장	have a lot on one's plate : 할 일이 산더미다
be pushed for time : 시간에 쫓기다	special offer : 특가 판매	incorporate : 포함하다, 통합하다
workout : 운동		

Man :	So far for the 'B Set' I've been paying around £60 a month, haven't I?	
Woman :	Yes that's right, <u>£58.99</u> to be precise. As you may remember, our 'A Set' is only £10 more per month, but it also includes all-day access to the <u>swimming pool</u> and sauna areas. At the moment, you're only able to use those <u>off-peak</u> between 11 a.m. and 4 pm.	*Q5* *Q6* *Q7*
Man :	Yes that's why I almost always use the weights room only, because I usually only get to the	

club after college from around 6 pm. Alright I'm interested!

Woman : That's wonderful Mr Brown. I can process that over the phone today for you, unless you're able to stop by?

Man : Actually, I'm planning to work out today anyway. So should I just sort out my new package at the <u>reception</u>? *Q8*

Woman : Yes sir, that would be fine.

Man : Fantastic. But I've already paid for the 'B Set' until the end of this month. Do I have to wait until next month to use the pool whenever I want and start the classes?

Woman : Usually yes, but because you're a valued customer, I will make a note to grant you full access from <u>today</u>. Just remind the receptionist, Savannah Vilaubi, when you arrive. *Q9*

Man : How do you spell her name?

Woman : <u>Savannah, S-A-V-A-double N-A-H</u> *Q10*

Man : Thank you, I'm very grateful.

Woman : Our pleasure. Look forward to seeing you at The Kettlebell!

▶ 불법 포인트

precise : 정확한	off-peak : 사용자가 적은 시간대의, 비수기의	stop by : ~에 잠시 들르다
sort out : 처리하다	valued customer : 귀중한 손님	grateful : 고마워하는, 감사하는

▶ 우리말 해석

남 성 : 안녕하세요?

여 성 : 좋은 아침입니다. 케틀벨 헬스클럽에서 전화 드렸습니다. 클로버리프 드라이브 3번지에 사시는 앤드류 브라운 씨입니까?

남 성 : 맞아요. 네, 제가 그 남자입니다.

여 성 : 지금 잠깐 이야기할 수 있는 시간 있으세요?

남 성 : 몇 분 내로 대학에 가기 위해 나가야 하지만 물론 잠깐 이야기할 수 있어요. 무슨 일이 있어요?

여 성 : 아니요, 이번 달 말인 2월 28일에 클럽 멤버십이 만료된다는 것을 알려드리고 싶었어요. 갱신 하시겠어요?

남 성 : 정말요? 두어 달 남았다고 생각하는데요?

여 성 : 글쎄요. 8월 30일에 등록을 하셨고 9월 1일에 공식적으로 앤드류 브라운 씨의 멤버십이 시작되었습니다. 패키지는 6개월짜리 'B Set' 이었습니다. 그래서 당신의 카드는 정확히 다음달인 3월 시작부터 출입이 더 이상 승인되지 않을 것입니다.

남 성 : 와, 시간이 빨리 지나갔네요! 저는 갱신하는 것에 관심이 있지만 요즘 할 일이 산더미이기 때문에 패키지를 전환하는 것이 좋을지도 몰라요.

여 성 : 그건 전혀 문제가 되지 않습니다. 제가 옵션을 선택하시도록 도와드릴까요? 고객님이 시간에 쫓긴다는 것은 알지만 오늘 만료되는 특가 판매가 있습니다.

남 성 : 아, 그렇군요. 무엇인가요?

여 성 : 오늘 저녁까지 'A Set' 패키지에 등록하신다면 저희는 무제한 에어로빅 강좌를 포함하여 무료로 한 달을 덤으로 드릴 것입니다.

남 성 : 그거 꽤 좋은데요! 지금까지 저는 주로 체력 단련실만을 사용해 왔습니다. 어떤 강좌들을 제공하세요?

여 성 : 저희는 필라테스부터 스피닝까지 다양하게 갖추고 있습니다. 기본적으로 모든 사람에게 혜택이 돌아갑니다. 다음 달부터 저희는 또한 도약운동을 도입할 것입니다.

남 성 : 도약운동이요?

여 성 : 네, 트램펄린으로 더 잘 알려져 있습니다. 사실 이 운동은 소형 트램펄린이나 리바운더를 포함합니다. 이것은 요즈음 점점 인기를 얻고 있는데 도약운동은 모든 근육을 결합하고 전문가들이 극히 효과적인 운동 방법이라고 여기기 때문입니다.

남 성 : 지금까지 'B Set'로 제가 대략 60파운드를 지불하고 있죠? 그렇지 않나요?

여 성 : 네, 맞습니다. 정확히 58.99파운드입니다. 기억하실지 모르지만 우리의 'A Set'는 한 달에 10파운드만 더 내시면 되지만 여기에

는 또한 수영장과 사우나 구역에 대한 종일 이용이 포함됩니다. 현재는 앤드류씨는 오전 11시부터 오후 4시 사이 한산한 때에만 사용하실 수 있습니다.

남 성 : 네, 이것이 제가 거의 항상 체력 단련실만을 이용하는 이유인데 보통 대략 6시 이후 수업이 끝난 후에 헬스클럽에 겨우 도착하기 때문이죠. 좋아요. 관심 있어요!

여 성 : 정말 잘 됐습니다. 브라운 씨. 잠깐 들를 수 없으시다면 제가 앤드류씨를 위해서 전화상으로 등록 처리를 해드릴 수 있습니다.

남 성 : 사실 오늘 운동을 할 계획입니다. 그래서 안내데스크에서 저의 새 패키지를 등록할 수 있어요?

여 성 : 네, 괜찮습니다.

남 성 : 환상적이네요! 하지만 저는 이번 달까지 'B Set'로 이미 지불했습니다. 제가 언제든지 수영장 사용을 원한다면 다음 달까지 기다려서 강좌를 시작해야만 할까요?

여 성 : 보통은 그렇습니다. 하지만 소중한 고객이시니까 오늘부터 전면 출입을 승인하도록 메모를 남기겠습니다. 도착하시면 접수원인 사바나 빌라비에게 다시 말해주세요.

남 성 : 그녀 이름의 철자가 어떻게 되죠?

여 성 : 사바나, 에스-에이-브이-에이-더블 엔-에이-에이치

남 성 : 고맙습니다. 굉장히 감사해요.

여 성 : 저희가 기쁘죠. 케틀벨에서 뵐 수 있기를 기대합니다.

SECTION 2

Right then everyone, good morning! It's nice to see so many volunteers willing to offer a helping hand here at The Crown Royal Gallery today. We'll be exhibiting several important works of art, but before I remind you about what they are and where to find them, I just want to briefly go over the timetable for this evening.

Our normal weekday opening hours are 9 am until 6 pm This afternoon, we'll be closing to the public earlier than usual, at 4:30 pm Signs have been put in place by the entrance to inform visitors, but I need about <u>half a dozen</u> of you to walk through the gallery at <u>4</u> pm to remind any remaining members of the public that their tour will need to conclude soon. The rest of you can be based either by the <u>front</u> doors welcoming invited private party guests from 6 pm, or in the Golden Banquet Suite welcoming people there. Most of the invitees are from the local community, including the <u>mayor</u> and senior business leaders. You can also expect to spot one or two celebrities, but please try to maintain professionalism at all times. We ask you, for example, not to request photos or autographs. Your main tasks wherever you are will be to help direct people and inform them about the special works of art that we have on display on a temporary basis. At 7 pm, you should be in position at your assigned locations to help act as guides if required. You should all have <u>information packs</u>, which include a map and directions to remind you of which room you are asked to be in and when.

Q11/12

Q13

Q14

Q15

불법 포인트

volunteer : 자원 봉사자	helping hand : 원조, 도움	exhibit : 전시하다
work of art : 미술 작품, 예술품	go over : 검토하다, 점검하다	timetable : 시간표
the public : 일반 대중들	entrance : 입구	dozen : 12개
local community : 지역 사회	mayor : 시장	celebrity : 유명 인사
professionalism : 직업 의식, 전문성	at all times : 항상	autograph : 자필 서명, 사인
display : 전시	on a temporary basis : 임시로	assigned : 할당된, 배정된
if required : 필요할 경우	information pack : 자료집	

I would like to highlight some of the most interesting pieces for you, because all of our distinguished guests need to be aware of them – it would be most unfortunate if any of our visitors were to leave without enjoying everything that we have worked so tirelessly to be able to offer. Firstly, one of the grandest works of art on display is 'Whistlejacket', courtesy of London's National Gallery. This spectacular eighteenth century piece was painted by British artist George Stubbs. <u>It is an exquisite lifesize portrait of a racehorse</u> owned by the Marquess of Rockingham. Notice the free solitude of the animal as it turns its head to the viewer. You can find 'Whistlejacket' in the East Wing's Room A.

Q16

Also on loan from the National Gallery, we have Thomas Gainsborough's 'Mr and Mrs Andrews'. This portrait combined with an English countryside landscape view was completed in 1750 or so – a few years before 'Whistlejacket'. Its beauty speaks for itself, but I think it's particularly worth noting that this was one of just four paintings selected to represent British art at a Paris exhibition held in honour of Queen Elizabeth II's 1953 coronation. <u>Remarkably, it was virtually unknown until the 1920s.</u> Guests can

Q17

be directed to Room C to find 'Mr and Mrs Andrews'.

Over in the West Wing, Room 1 is dedicated to German Expressionist movement icon Franz Marc. We owe our gratitude to The Guggenheim in New York for lending us several of his pieces. <u>Marc's transcendental 'Dreaming Horse' can be contrasted with the classical style of 'Whistlejacket'.</u> Truly, we have something for everyone.

Q18

A final note for you, between now and 4 pm, you are free to roam around the gallery at your leisure. <u>Just try to get a feel for the chronological progression from the East Wing</u> to the West Wing. Of course, we don't want you to go hungry either. <u>So you will have the option of a free lunch</u> in the Golden Banquet Suite at 1 pm If you have any dietary requirements, please let me or another member of staff know by midday so we can plan accordingly. Once again, thank you so much for being here – tonight we will make history with the first event of its kind at our humble gallery, and it wouldn't be possible without your support!

Q19/20
Q19/20

불법 포인트

highlight : 강조하다	distinguished guest : 귀빈	be aware of : ~을 인지하다, 알아 차리다
unfortunate : 운이 없는, 불행한	tirelessly : 지칠 줄 모르고, 끊임없이	courtesy of : ~의 제공으로, 호의로
spectacular : 장관을 이루는, 멋진	exquisite : 매우 아름다운	lifesize : 실물 크기의
portrait : 초상화	racehorse : 경주마	Marquess : 후작(공작아래 백작 위의 계급)
solitude : 고독	it is worth noting : 주목할 가치가 있다	exhibition : 전시회
in honour of : ~을 기리는, ~에게 경의를 표하여		coronation : 대관식
virtually : 사실상	be dedicated to : ~에 전념하다, 바치다	expressionist : 표현주의의
movement : 운동	gratitude : 고마움, 감사	transcendental : 초월적인
contrast : 차이를 보이다, 대조하다	classical : 고전적인	roam around : 돌아다니다
at one's leisure : 한가할 때	chronological : 연대순의	progression : 진보, 진전
dietary requirement : 특이 식이사항	midday : 정오, 점심 때	humble : 소박한

우리말 해석

자! 여러분, 좋은 아침입니다. 오늘 여기 크라운 로열 갤러리에서 기꺼이 도움의 손길을 제공하는 정말 많은 자원봉사자들을 뵙게 되어 좋습니다. 우리는 몇 점의 중요한 예술작품을 전시할 것이지만 저는 그것들이 무엇이고 어디에서 찾을 수 있는지 알려드리기 전에 오늘 저녁 일정표를 간단히 검토하기를 원합니다.

우리의 정상적인 평일 개관 시간은 오전 9시부터 오후 6시까지입니다. 오늘 오후 우리는 평소보다 좀 더 일찍 4시 30분에 문을 닫을 것입니다. 방문객들에게 알리기 위해서 안내문을 입구에 붙였지만 4시에 갤러리를 돌아다니면서 남아 있는 방문객들에게 그들의 방문을 곧 마무리해야 한다는 것을 상기시키기 위해서 여러분들 중에서 6명 정도가 필요합니다. 나머지 분들은 6시부터 초대 받은 비공개 파티 손님들을 맞이하기 위해 좀 더 일찍 정문에 있거나, 골든 부케 스위트에서 사람들을 맞이하면 됩니다. 초대 받은 사람들의 대부분은 시장님과 기업 지도자들을 포함해서 이 지역 사회 출신입니다. 또한 여러분은 한 두 명의 유명인들을 발견할 수 있지만 언제나 직업의식을 유지하도록 노력해주세요. 우리는 여러분에게 예를 들어 사진이나 사인을 요구하지 않을 것을 요청합니다. 여러분의 주된 임무는 여러분이 어디에 있든지 사람들을 직접 돕고 그들에게 임시로 전시를 하는 특별한 예술 작품에 대해서 알려 주는 것입니다. 필요할 경우, 저녁 7시에 여러분은 안내원으로서 도움을 주기 위해 배정된 장소에 위치해야 합니다. 여러분 모두는 여러분이 어떤 전시실에서 언제 위치해야 하는지를 상기시켜줄 지도와 지시사항이 포함된 자료집을 가지고 있어야 합니다.

저는 여러분을 위해서 가장 흥미로운 작품 중 몇 점을 강조하고 싶은데 모든 귀빈들이 작품들을 알아야 할 필요가 있기 때문입니다. 그리고 우리 방문자들 중 누구라도 제공하기 위해서 정말 끊임없이 작업했던 모든 것들을 즐기지 않고 떠난다면 가장 불행할 것입니다. 첫째로 전시되어 있는 가장 훌륭한 예술 작품들 중 하나는 런던 국립 미술관이 제공한 '휘슬재킷' 입니다. 이 굉장한 18세기 작품은 영국 작가 '조지 스텁스'에 의해서 그려졌습니다. 이것은 록킹엄 후작이 소장한 매우 아름다운 실물 크기 경주마 초상입니다. 말이 관중에게 머리를 돌릴 때 이 동물의 자유로운 고독에 주목하십시오. 여러분은 서쪽 별관 A전시실에서 '휘슬재킷'을 발견할 수 있습니다.

또한 우리는 국립 미술관에서 대여한 토마스 게인즈버러의 '앤드루스 부부'를 소장하고 있습니다. 영국 시골 풍경과 결합된 이 초상화는 '휘슬재킷'이 그려지기 수년 전 1750년쯤에 완성되었습니다. 초상화의 아름다움은 설명할 필요가 없지만, 저는 이 작품이 엘리자베스 2세 여왕의 1953년 대관식을 기리기 위해 개최된 파리 전시회에서 영국예술을 대표해서 선택된 단 4개의 작품 중에서 한 작품이었다는 것에 특히 주목할 만한 가치가 있다고 생각합니다. 놀랍게도 이것은 1920년대까지 사실상 알려지지 않았습니다. 손님들은 '앤드루스 부부'를 관람할 수 있게 C 전시실로 안내될 것입니다.

서쪽 별관 1전시실은 독일 표현주의 운동의 우상인 프란츠 마르크에 주안점을 두었습니다. 우리는 그의 작품 중 몇 점을 우리에게 대여해 준 뉴욕의 구겐하임에 감사를 표합니다. 마르크의 초월적인 '꿈꾸는 말'은 고전 양식의 '휘슬재킷'과 비교될 수 있습니다. 진심으로 우리는 모든 사람들을 위한 무언가를 가지고 있습니다.

마지막 발언으로 지금부터 오후 4시 사이에 여러분은 한가할 때 맘껏 화랑을 돌아다녀도 됩니다. 동쪽 별관에서 서쪽 별관까지 시간적인 진행에 대한 감각을 익히도록 하세요. 물론 우리는 여러분이 배고픈 것을 원하지 않습니다. 그래서 여러분은 1시에 골든 부케 스위트에서 무료 점심을 먹을 것입니다. 만약 여러분이 어떠한 특이 식이사항이 있다면 정오까지 저나 다른 직원에게 알려주세요. 그러면 우리는 그에 따라 준비할 수 있습니다. 다시 한번 여기에 참석해주셔서 대단히 감사합니다. 오늘밤 우리는 우리의 소박한 화랑에서 이런 종류로는 첫 번째 행사로 역사를 만들 것이고 여러분의 도움 없이는 가능하지 않을 것입니다.

Listening File Free Download : sunnysunday.co.kr / blog.naver.com/iloveielts

SECTION 3

Host :   Welcome back to Sydney Sound 95.9 FM, keeping you entertained and informed about what matters in this gorgeous city. I'm your host Gary Jones, and today we've got a very special guest in the studio. Her real name is Rachael Baker, but you might simply know her as Helen from the hit TV sitcom 'Helen & Troy'. Well, today we will be discussing her new book about Australia's greatest innovators, 'Helen & The Wonderful Wizards of Aus'. Good morning Rachael, or should I call you Helen?   *Q21*

Rachael : Hey Gary, great to be here! You can call me either, these days only my family and close friends actually call me Rachael.

Host :   I guess that's a sign of how successful your sitcom has been, which can't be a bad thing?

Rachael : No, not at all. My publisher and I discussed which name to use for the book, but it seemed pretty clear that using the Helen character would attract more attention!   *Q22*

Host :   I hope we can be friends, so I'll call you Rachael. Now, your book is a real celebration of some of Australia's most useful inventions?

Rachael : Yes it is. As you know, 'Helen & Troy' is all about a couple trying to succeed in the business world by trying all kinds of creative strategies, but most of them fail. I'm a real science and technology lover though, and I felt this book would be an opportunity to set the record straight – Australia is a hotbed of innovation, not just a home to this hapless pair.   *Q23*

불법 포인트

gorgeous : 아주 멋진	innovator : 혁신가	publisher : 출판인, 출판사
attract attention : 주의, 이목을 끌다	set the record straight : 기록, 오해를 바로잡다	hotbed : 온상
innovation : 혁신	hapless : 불운한, 불행한	

Host :   So maybe you could share with us your top picks?

Rachael : Well, it was really hard to narrow it down to the 25 we chose for the book, so to pick even fewer now wouldn't be easy!

Host :   I'm sure that Helen 'the face that launched a thousand businesses' in the TV show would be up to it!

Rachael : Hmm, alright then I've got an idea. I'll pick items in this studio that were developed thanks to Australian innovation?

Host :   Wow sounds great…are you sure you can manage that?

Rachael : I think so! Firstly, we've both got smartphones in front of us…and you're getting all kinds of information sent through to you on your computer screen. Imagine doing your job without Wi-Fi?

Host :   Impossible!

Rachael : In the 1990s, the Australian astronomer John O'Sullivan and his colleagues patented a   *Q24* technique that allowed wireless networks to be so widely used and relied upon as they are today. The funny thing about this particular story, and it may be inspiring to many of us, is that O'Sullivan had actually been trying to detect exploding mini black holes. So I guess the   *Q25* lesson there is to keep your eyes open to new possibilities, even when an <u>experiment</u> seems to be failing.

Host : Amazing. Now let's see...what else have we got in this room?

Rachael : Not much, but I've not given up yet! You see most of the stuff that is in this studio requires power, right?

Host : Right.

Rachael : And how many plug sockets have you got in this room?

Host : Hmm, I think it's six including the two behind my desk here. But we've obviously got this power strip here that adds several more sockets.

Rachael : Aha! That's what I was looking for. That strip, or power board, was invented in the 1970s by Australia's Peter Talbot, an <u>employee</u> with a major appliance manufacturer. There is another lesson from this story though, and it's a tough one – always patent your inventions! The power board was rushed into production, and so the innovator behind this ubiquitous household and commercial item never received any <u>royalties</u> from it.

Host : I had no idea! That seems unfair.

Rachael : It does, doesn't it? While on the subject of great innovators not getting the praise they deserve, can I see your wallet?

Host : My wallet? Is this some kind of magic trick? Alright then, here you go.

Rachael : Not a trick. I'm glad you've got a $50 note in here. You see this man on the side? That's David Unaipon – an Indigenous Australian otherwise known as this country's very own Leonardo Da Vinci. He couldn't afford to fully patent his many inventions, but you can see his mechanical sheep-shearer immortalized on the $50 note in the background. Born in 1872, Unaipon lived to 94. An amazing man I think you'll agree.

Host : Absolutely! I remember that he had to battle against <u>racial</u> stereotypes.

Rachael : Exactly. Oh, and by the way, before I give this money and your wallet back to you – the polymer banknote was developed in Australia to prevent counterfeiting. Countries around the world continue to adopt their own plastic money, which also lasts a lot longer than the <u>paper</u> kind.

Host : And there I was thinking we'd run out of inventions in this very studio! That's all we've got time for today Rachael, it's been great having you on the show.

Rachael : My pleasure!

불법 포인트

top pick : 최우수	manage : 간신히 해내다, 어떻게든 하다	astronomer : 천문학자
patent : 특허권	inspire : 영감을 주다, 격려하다	detect : 발견하다, 감지하다
explode : 터지다, 폭발하다	keep one's eyes open to : 조심하다	give up : 포기하다
plug socket : 플러그 소켓, 콘센트		power strip : 멀티탭
ubiquitous : 어디에나 있는, 아주 흔한		royalty : 인세, 저작권료
trick : 속임수	indigenous : 토착의, 원산의	mechanical sheep-shearer : 양털 깎기 기계
immortalize : 불멸하게 하다, 영원성을 부여하다		racial stereotype : 인종에 대한 틀에 박힌 생각
by the way : 그런데	banknote : 지폐	counterfeiting : 화폐 위조
run out of : ~을 다 써버리다, ~이 없어지다		

Q26

Q27

Q28

Q29

Q30

LISTENING

진행자 : 시드니 사운드 FM 95.9로 돌아온 것을 환영합니다. 여러분을 계속 즐겁게 해 드리고 이 아름다운 도시에서 어떤 일이 있어나는 지에 대해 알려드리겠습니다. 저는 여러분의 진행자인 게리 존스이고 오늘 우리는 스튜디오에 아주 특별한 손님을 모셨습니다. 그녀의 본명은 레이첼 베이커이지만 여러분은 인기 TV 시트콤인 '헬렌과 트로이'의 헬렌으로 그녀를 알고 있을지도 모릅니다. 자, 오늘 우리는 '헬렌과 호주의 훌륭한 마법사들'에 등장하는 호주의 가장 위대한 혁신가에 대한 그녀의 새로운 책에 대해서 이야기를 할 것입니다. 안녕하세요? 레이첼 아니면 헬렌이라고 부를까요?

레이첼 : 안녕하세요? 게리, 여기에 와서 너무 좋아요. 둘 중의 어떤 것으로 불러도 좋아요. 요즘에는 제 가족과 친한 친구들만 사실상 저를 '레이첼'이라고 부르고 있어서요.

진행자 : 당신의 시트콤이 얼마나 성공적이었는지에 대한 신호라고 생각되는데 나쁜 일은 아니죠?

레이첼 : 아니요, 전혀 아니죠. 저의 출판사와 저는 어떤 이름을 도서명으로 사용할 것인지에 대해 의논했는데 헬렌 캐릭터를 이용하는 게 더욱 주목을 끌 것이 확실해 보였어요.

진행자 : 우리는 친구가 되기를 희망하기에 당신을 레이첼이라고 부르겠습니다. 자, 당신의 책은 호주의 가장 유용한 발명들 중의 일부를 진정으로 기념하는 것인가요?

레이첼 : 네, 그래요. 알다시피 '헬렌과 트로이'는 모든 종류의 창의적인 전략들을 시도함으로써 비지니스 업계에서 성공하려고 노력하는 부부에 대한 모든 것이지만 그 전략들 중 대부분은 실패해요. 저는 진짜 과학과 기술을 사랑하는 사람이고 저는 이 책이 오해를 바로잡을 기회가 될 것이라고 생각했어요. 호주는 이 불운한 한 쌍의 부부에게 단지 고향이 아니라 혁신의 온상이죠.

진행자 : 그럼 혹시 당신이 뽑은 최고의 제품들을 우리와 공유할 수 있어요?

레이첼 : 글쎄요. 우리가 이 책을 위해 25개만 선택해서 좁히는 것은 정말 어려웠기 때문에 지금 훨씬 더 적게 고르는 것은 쉽지 않아요.

진행자 : TV 쇼에서 '천 개의 사업체를 설립한 얼굴' 헬렌은 해낼 것이라고 저는 확신해요.

레이첼 : 음, 그렇다면 좋은 생각이 있어요: 저는 이 스튜디어에서 호주의 혁신 덕분에 개발되었던 상품들을 고르겠어요.

진행자 : 와, 좋은데요. 해낼 수 있겠어요?

레이첼 : 그럴 것 같아요. 첫 번째로 우리 둘 다 우리 앞에 스마트폰을 가지고 있고 당신은 컴퓨터 화면에서 당신에게 보내진 온갖 정보를 얻고 있어요. 와이파이 없이 당신의 일을 하는 것을 상상해 보세요.

진행자 : 불가능해요.

레이첼 : 1990년대 호주 천문학자인 존 오설리번과 그의 동료들은 오늘날에 널리 사용되고 의존하도록 허용한 무선 네트워크 기술 특허를 받았어요. 이 특별한 이야기의 재미있는 점이자 우리 중 많은 사람들에게 영감을 줄 부분은 실제로 오설리번은 폭발하는 소형 블랙홀을 발견하려고 했었다는 거죠. 제가 생각할 때 이 이야기의 교훈은 실험이 실패한 것처럼 보일 때조차도 새로운 가능성에 눈을 크게 뜨고 지켜봐야 한다는 것이에요.

진행자 : 놀랍군요. 이제 그러니까... 이 방에서 우리는 그 밖에 무엇을 가지고 있죠?

레이첼 : 그다지. 하지만 저는 아직 단념하지 않았어요. 당신은 이 스튜디오에 있는 물건들의 대부분은 전력을 필요로 한다는 것을 알고 있죠?

진행자 : 맞아요.

레이첼 : 그리고 이 방에 콘센트가 몇 개가 있죠?

진행자 : 음, 여기 제 책상 뒤에 있는 2개를 포함해서 6개요. 하지만 여기에 몇 개의 콘센트를 추가할 수 있는 멀티탭을 가지고 있어요.

레이첼 : 아! 그게 바로 제가 찾고 있었던 것이에요. 멀티탭이나 배전반은 대형 가전 제품 생산회사의 직원이었던 호주의 피터 탈봇에 의해 1970년대에 발명되었어요. 이 이야기에는 다른 교훈이 있는데 힘들더라도 당신의 발명에는 항상 특허를 받아야 한다는 것이에요. 배전반은 급하게 생산에 들어갔고 그래서 이 널리 사용되는 가정용품과 상업용품 뒤에 숨은 혁신가는 이 제품으로부터 어떠한 저작권 사용료도 받지 못했어요.

진행자 : 몰랐어요. 불공평한 것처럼 보이네요.

레이첼 : 그렇죠? 그렇지 않나요? 마땅히 받아야 할 찬사를 받지 못한 위대한 혁신가들에 대해 이야기 하는 동안, 당신의 지갑을 볼 수 있을까요?

진행자 : 제 지갑이요? 이것은 일종의 마술 속임수인가요? 좋아요. 여기 있어요.

레이첼 : 속임수가 아니예요. 지갑 속에 50달러 지폐를 가지고 있어서 기쁘네요. 지폐 표면에 이 남자가 보이죠? 이 나라의 레오나르도 다빈치로 더 잘 알려진 토착민 데이비드 유나이펀입니다. 그는 그의 많은 발명품들에 대해 완전히 특허를 획득할 수 없었지만 당신은 50달러짜리 지폐 배경에 영원히 남을 그가 만든 양털 깎기 기계를 볼 수 있어요. 유나이펀은 1872년에 태어나서 94세까지 살았습니다. 대단한 사람이라는 것에 당신도 동의할 거라고 생각해요.

진행자 : 물론요! 저는 그가 인종적인 고정관념과 싸워야만 했던 것을 기억해요.

레이첼 : 맞아요. 오, 그건 그렇고 이 돈과 지갑을 당신에게 돌려주기 전에 폴리머 지폐는 위조를 방지하기 위해서 호주에서 개발되었어요. 전 세계 국가들은 그들의 플라스틱 돈을 계속해서 쓰고 있는데 종이 지폐보다 훨씬 더 수명이 길어요.

진행자 : 저는 바로 이 스튜디오에 있는 발명품들은 다 바닥났다고 생각하고 있었어요. 레이첼, 오늘은 시간이 다 되었네요. 이 쇼에 함께해 주셔서 감사합니다.

레이첼 : 제가 즐거웠어요.

SECTION 4

Listening File Free Download : sunnysunday.co.kr / blog.naver.com/iloveielts

Hello everyone, it is my great pleasure to welcome you to this evening's 'British Cuisine Magazine' event. I am very grateful for all of the wonderful feedback I received following our last meeting. For those of you who missed out, we had a real culinary adventure with Scotland's finest haggis. As you are probably aware, we have dedicated today's gathering to one of the most cherished cheeses known to mankind -- Stilton. Before I introduce this delicacy for you, I just want to offer our sincere thanks to The Red Lion pub and all of the staff here. Without the support of the local community, it would be very difficult for us to meet every month. <u>The Red Lion actually opened for business back in the 18th century,</u> when locals may well have enjoyed their first taste of Stilton cheese!

Q31

I know you've had a busy day and are probably all hungry, but <u>I want to whet your appetite further with a brief overview of Stilton</u>, which was described by the great British author George Orwell as "the best cheese of its type in the world." Interestingly, he wrote that in a 1945 essay, 'In Defence of English Cooking' – a title that many of us in this pub would be happy to read I'm sure!

Q32

불법 포인트

cuisine : 요리	miss out : 놓치다	culinary : 요리의
haggis : 해기스(양의 내장으로 만든 순대 비슷한 스코틀랜드 음식)		cherish : 소중히 여기다, 아끼다
mankind : 인류, 인간	delicacy : 별미, 진미	whet one's appetite : 식욕을 돋우다
pub : 대중적인 술집		

Thanks to its protected designation of origin (PDO) status, you won't find Stilton being produced outside of three specific English counties – Derbyshire, Leicestershire and Nottinghamshire. Funnily enough, the village of Stilton where this cheese is believed to have first <u>emerged</u> in the 1700s is situated in Cambridgeshire. Efforts to include the village under the PDO have so far failed. Even so, Stilton's location along a popular travel route known as the Great North Road certainly helped spread its most famous namesake's <u>reputation</u>.

Q33

Q34

Stilton is best known for its blue variety, which produces an extremely pungent <u>odour</u> and is not to be confused with milder cheeses of a similar appearance such as Gorgonzola. It is fair to say that this gourmet cheese has an acquired taste, but it is a popular choice for families to share on special <u>occasions</u> such as Christmas. Characteristic blue veins thread from the centre of this cheese throughout its cylindrical structure. Stilton should have a crumbly texture, but this evening we will taste a couple of mature samples that are also quite <u>creamy</u>. You will notice that we have prepared some glasses of port wine and plates of crackers for you to pair with your Stilton. We have six different cheese samples lined up on the table adjacent to the port and crackers. Five of them are the blue kind, but we also have another cheese without any of the veins usually seen in Stilton. This white variety is perfectly legitimate and also enjoys PDO status, but it is less common than its blue relative. We would love to know which one you prefer.

Q35

Q36

Q37

I should warn you that Stilton is associated with <u>strange</u> and vivid dreams! The British Cheese Board once warned that most people have "<u>odd</u>" dreams when they sleep after consuming just 20 grams. I admit I've had a few cheese dreams myself in the past. Once I was so convinced by a nightmare that my wife had to throw some water on me to talk me round -- so if you find yourself transported back to 18th century England tonight, don't blame us!

Q38

Finally, I would like to remind you at this stage that next month we will be gathering here at The Red Lion again for a traditional roast <u>beef</u> meal with all the classic trimmings. I am particularly looking forward to trying the chef's Yorkshire puddings, which are said to be among the finest in the country. Please fill out a <u>registration</u> form before you go home so that we can get an idea of how many will be in attendance. Don't leave it too late, because our meeting next month will fall on St George's Day – and what better occasion is there to tuck in to some good old local grub.

Q39

Q40

불법 포인트

protected designation of origin : 원산지 보호 규정		emerge : 드러나다, 알려지다
namesake : 이름이 같은 것	reputation : 평판, 명성	variety : 품종
pungent : 톡 쏘는 듯한, 매우 자극적인	odour : 냄새, 악취	appearance : 모습
gourmet : 미식, 미식가	acquired taste : (처음엔 별로 안 좋아했는데 서서히) 좋아하게 된 맛	
vein : 치즈의 줄무늬	cylindrical : 원통형의	crumbly : 잘 바스러지는
texture : 질감	mature : 숙성된	
port wine : 포트 와인(발효 중인 와인에 브랜디를 첨가한 포르투갈의 달콤한 와인)		adjacent to : ~에 인접한
legitimate : 합법적인	relative : 동류, 동족	nightmare : 악몽
talk round : 설득하다	trimming : 곁들이는 음식	tuck in : 열심히 먹다
grub : 음식		

우리말해석

안녕하세요? 여러분. 오늘밤 '영국 요리 잡지' 행사에 여러분을 모시게 되어서 무척 기쁩니다. 지난 미팅 이후 제가 받았던 모든 멋진 피드백에 진심으로 감사 드립니다. 기회를 놓친 여러분들 중 일부를 위해서 말하자면 우리는 스코틀랜드 최고의 요리 해기스로 실제 요리 모험을 가졌습니다. 여러분이 아마 알고 있는 것처럼 우리는 오늘의 모임을 인류에게 알려진 가장 소중히 여겨지고 있는 치즈들 중 하나인 스틸톤 치즈에 중점을 두었습니다. 이 별미를 소개하기 전, 저는 더 레드 라이온 술집과 여기에 있는 모든 직원들께 진심으로 감사 드립니다. 지역 사회의 지원이 없이는 우리가 매달 만나는 것이 매우 어려울 것입니다. 더 레드 라이온은 실제로 18세기에 영업을 시작했는데 그때 지역 주민들은 처음으로 맛본 스틸톤 치즈를 즐겼었을 지도 모릅니다.

여러분이 바쁜 하루를 보냈고 아마 모두 배가 고프다는 것을 저는 알고 있지만 저는 "세상에서 이런 종류로는 최고의 치즈"로 위대한 영국 작가 조지 오웰에 의해 묘사된 스틸톤 치즈의 간략한 개요와 함께 여러분의 식욕을 더 돋우기를 원합니다. 흥미롭게도 그는 1945년 에세이 '영국 요리 옹호론'을 썼는데 저는 이 술집에 있는 우리 중 많은 사람들이 그 출판물을 읽고 기뻐할 것이라고 확신합니다.

농산품의 지리적 표시와 원산지 보호 규정(PDO) 지위 덕분에 여러분은 3개의 영국 자치주인 더비셔, 레스터셔 그리고 노팅엄셔 이외의 지역에서 생산되는 스틸톤 치즈는 찾을 수 없습니다. 뜻밖이겠지만 1700년대에 처음으로 이 치즈가 생겨났다고 여겨지는 스틸톤 마을은 캠브리지셔에 위치해 있습니다. 이 마을을 농산품의 지리적 표시와 원산지 보호 규정 아래에 포함시키려는 노력은 지금까지 실패했습니다. 그렇기는 하지만 대북로로 알려진 인기 있는 여행 경로에 있는 스틸톤의 위치는 이것의 가장 유명하고 같은 이름을 가진 것의 명성을 퍼뜨리는데 확실히 도움을 주었습니다.

스틸톤은 매우 톡 쏘는 냄새를 만들어내는 푸른 치즈 품종으로 가장 잘 알려져 있는데 고르곤졸라 같이 비슷하게 생긴 더 순한 치즈와 혼동되어서는 안 됩니다. 이 고급 치즈의 맛에 적응하려면 시간이 필요하다고 말해도 좋지만 가족들이 크리스마스 같은 특별한 날에 함께 하는 인기 있는 선택입니다. 특유의 푸른 줄무늬들이 이 치즈의 중심부로부터 치즈의 원통형 구조 전체에 걸쳐 가늘게 퍼져 있습니다. 스틸톤 치즈는 잘 바스러지는 질감을 가지고 있어야 하지만 오늘밤 우리는 상당히 부드러운 숙성된 치즈 두어 가지를 맛볼 것입니다. 여러분은 우리가 스틸톤 치즈와 잘 어울리는 포트와인 몇 잔과 크래커 접시들을 준비했다는 것을 알아차렸을 것입니다. 우리는 포트 와인과 크래커에 가까운 탁자 위에 6개의 다른 치즈 샘플들을 정리해 놓았습니다. 그것들 중에 5개는 푸른 치즈 종류이지만 우리는 또한 보통의 스틸톤 치즈에서 보이는 줄무늬가 없는 다른 치즈들도 가지고 있습니다. 이 하얀 품종은 완벽하게 합법적이고 또한 농산품의 지리적 표시와 원산지 보호 규정 지위를 누리고 있지만 푸른 치즈 동류보다 덜 일반적입니다. 우리는 여러분이 어떤 것을 선호하는지를 알고 싶습니다.

저는 스틸톤 치즈는 이상하고 생생한 꿈과 관련되어 있다는 점을 알립니다. 영국 치즈 위원회는 겨우 20그램이라도 섭취한 후에 잠들면 사람들 대부분이 '이상한' 꿈을 꾼다고 경고한 적이 있습니다. 제 자신도 과거에 몇 가지 치즈 꿈을 꿨습니다. 한번은 제 아내가 저를 설득하기 위해서 저에게 물을 끼얹어야만 했던 악몽을 꾸고 매우 확신했습니다. 그래서 만약 여러분이 오늘밤 18세기 영국으로 돌려보내진 자신들을 발견한다면 우리를 비난하지 마세요!

마지막으로 저는 우리가 전통적인 소고기 구이 요리와 그에 곁들이는 훌륭한 음식을 위해서 여기 더 레드 라이온에서 다음 달에 다시 모일 것이라고 이 시점에서 알려드리고 싶습니다. 저는 특히 이 나라에서 가장 맛있다고 들은 주방장의 요크셔 푸딩을 맛보길 기대하고 있습니다. 몇 명이나 참석할 것인지 우리가 알 수 있도록 집으로 돌아가기 전에 신청서를 작성해 주십시오. 너무 늦게 작성하지는 마세요. 왜냐하면 다음 달 우리 모임은 성 조지 축제일이 될 것이고 몇 가지 오래된 지역 음식을 먹는 가장 좋은 행사이기 때문입니다.

READING PASSAGE 1

Questions 1- 5

Reading Passage 1 has seven paragraphs, **A- G**.
리딩 지문 1에는 A부터 G까지 7개 단락이 있습니다.

Which paragraph contains the following information?
어떤 단락이 다음 정보를 포함하고 있습니까?

*Write the correct letter, **A- G**, in boxes 1-5 on your answer sheet.*
답안지의 1번부터 5번 칸에 A부터 G 중에서 올바른 철자를 쓰세요.

NB *You may use any letter more than once.*

주의 *당신은 어떤 철자를 1번 이상 사용할지도 모릅니다.*

1   the way to generate electricity   전기를 발생시키는 방법
2   an account of using the Internet for a financial purpose   재정적 목적을 위해 인터넷을 사용하는 것에 대한 설명
3   the reason why Usher started to travel around unknown areas   어셔가 모르는 지역을 여행하기 시작한 이유
4   an account of using the Internet for accommodation   숙박을 위해 인터넷을 사용하는 것에 대한 설명
5   a reference to someone who learned how to enjoy household tasks   집안일을 즐기는 방법을 배운 사람에 대한 언급

Questions 6-8

Complete the sentences below.
아래 문장을 완성하세요.

*Choose **ONE WORD ONLY** from the passage for each answer.*
지문에서 각각의 답을 한 개의 단어로 고르세요. (경우의 수는 총 1개 : 단어 1개)

Write your answers in boxes 6−8 on your answer sheet.
답안지의 6번부터 8번 칸에 답을 쓰세요.

6   To start a new life, Usher sold all of his possessions such as a house, job, vehicles and   명사 / 소유물의 종류 .
    새로운 삶을 시작하기 위해서, 어셔는 집, 직업, 차량 그리고 .... 같은 그의 모든 소유물을 팔았다.
7   After leaving Australia, Usher stayed at a   명사 / 단수 / 숙박시설   in the water.
    호주를 떠난 후에 어셔는 물속에 있는 .... 에서 머물렀다.
8   Usher purchased an   명사 / 단수 / 모음으로 발음이 시작되는 단어   in Panama to stay.
    어셔는 머물기 위해 파나마에 있는 .... 을 구입했다.

☑ 1번 문제부터 푼다는 생각을 버려라! 리딩은 3개의 지문 중 가장 쉬워 보이는 지문을 선택한 후, 각 지문에서 쉬운 유형부터 문제를 푼다. 리딩은 시간이 절대적으로 부족하기 때문에 쉬운 문제부터 골라서 빨리 푸는 것이 요령이다. 주관식 문제는 난이도가 낮고 답을 찍을 수가 없기 때문에 무조건 가장 먼저 푼다. 자세한 내용은 📖 'NEW 줄리정 불법 아이엘츠' 103~113 페이지를 참고한다.

☑ 문제 풀이 순서 : 6-8(주관식) ➡ 1-5(Information) ➡ 9-13(T/F/NG) (여기 문제 풀이에서는 가독성을 위해 순서대로 설명)

☑ 1번부터 5번까지는 문제의 정보가 어느 단락에 있는지를 찾는 문제다. 문제의 키워드를 파악하고 똑 같은 키워드가 어느 단락에 있는지를 찾는다. 동의어로도 키워드가 나올 수 있으니 평소에 동의어 학습에 힘쓰자. '**NB** You may use any letter more than once.'라는 지시문이 있으면 반드시 똑 같은 답 두 개가 나와야 한다. 여기에서는 E가 2번과 5번 답으로 두 번 나왔다.

1 D 키워드 'electricity'를 지문에서 찾는다. D단락에서 동의어 'power'와 'solar panels'를 보고 답을 찾는다.

2 E 키워드 'the Internet'과 'financial purpose'를 지문에서 찾는다. E단락에 'the Internet'이 그대로 나오고 'to make some extra money to meet their modest needs'를 보고 답을 찾는다. 'financial'이 나오면 돈을 떠올린다.

3 B 여기서는 어셔가 여행을 시작한 이유, 'reason'이 키워드이다. B단락에서 'Then their relationship collapsed, and his whole existence changed. In need of a fresh start'를 보고 답을 찾는다.

4 F 키워드 'the Internet'과 'accommodation'을 지문에서 찾는다. F단락에서 동의어 'social media'와 'house sitters'를 보고 답을 찾는다.

5 E 키워드 'household tasks'를 지문에서 찾는다. E단락에 동의어인 'chores'가 나오고 'Anderson learned how to take pleasure in the most tiresome chores'를 보고 답을 찾는다.

☑ 6번부터 8번은 문장을 완성하는 주관식 문제다. 1번부터 5번까지가 문제의 순서에 영향을 주지 않는 'information' 문제이기 때문에 6번이 A나 B단락 같은 앞 단락에서 나오고 6번부터 8번까지 순서대로 답이 나올 것을 예상한다.

☑ ONE WORD ONLY를 확인한다. (경우의 수는 총 1개 : 단어 1개)

6 clothes 팔 수 있는 소유물의 종류를 명사로 적는 문제다. 문제 앞에 있는 a house, job, vehicles를 A나 B단락에서 찾는다. B단락의 'dream house, complete with outdoor spa bath, to his job, car, motorcycle'을 보고 'and' 다음에 있는 'clothes'를 정답으로 적는다. 지문의 'car, motorcycle'을 문제에서는 'vehicles'라는 동의어로 표현했다. 'cloth'는 '옷감, 천'이라는 뜻이기 때문에 반드시 '의류'라는 뜻의 'clothes'라고 써야 한다.

7 hotel 'stayed at'을 보고 숙박 시설을, 관사 'a'를 보고 단수 명사를 적는 문제임을 파악한다. C단락에서 키워드 'in the water'의 동의어 'underwater'를 찾은 후 그 문장에 있는 숙박 시설, 'hotel'을 정답으로 적는다.

8 island 관사 'an'을 보고 모음(a/i/u/e/o)으로 발음이 시작되는 단수 명사를 적는 문제임을 파악한다. D단락에서 키워드 'Panama'와 'purchased'의 동의어 'bought'를 찾은 후 'island'를 정답으로 적는다. 'remote Caribbean island' 나 'Caribbean island'는 모음으로 발음이 시작되지도 않고 단어 개수도 초과하기 때문에 오답이다.

Questions 9-13

Do the following statements agree with the information given in Reading Passage 1?
리딩 지문1에 주어진 정보는 다음의 말과 일치합니까?

In boxes 9 – 13 on your answer sheet, write
답안지의 9번부터 13번 칸에 쓰세요.

TRUE	*if the statement agrees with the information*
참	*이 말이 정보와 일치한다면*
FALSE	*if the statement contradicts the information*
거짓	*이 말이 정보와 모순된다면*
NOT GIVEN	*if there is no information on this*
주어지지 않음	*여기에 정보가 없다면*

9   Before Anderson flew over to Panama to meet Usher, they had never known each other.
앤더슨이 어셔를 만나기 위해 파나마로 가기 전, 그들은 서로 알지 못했다.

10   Usher's life still had many modern luxuries when Anderson met him first.
앤더슨이 어셔를 처음 만났을 때 어셔의 삶에는 여전히 많은 현대 생활의 사치품이 있었다.

11   Usher made a huge profit from the sale of his island in 2015.
어셔는 2015년에 그의 섬을 팔아서 엄청난 이윤을 남겼다.

12   Some positive recommendations on SNS allowed Usher and Anderson to stay in other people's houses.
SNS상의 긍정적인 추천들은 어셔와 앤더슨이 다른 사람들의 집에 머무는 것을 가능하게 했다.

13   Teaching English in China was totally different from what Usher had been doing.
중국에서 영어를 가르치는 것은 어셔가 해왔던 것과는 완전히 달랐다.

☑ 9번부터 13번까지는 독해 실력과 논리력 모두를 평가하는 문제다. 문제를 정확하게 해석하지 못한다면 정답을 찾을 수 없기 때문에 평소 꾸준하게 독해 실력을 길러야 한다. 만약 문제를 해석할 수 없거나 풀 시간이 없다면 'TRUE'로 모두 찍는다. 캠브리지 시리즈를 바탕으로 통계를 냈을 때 'TRUE'가 정답으로 가장 많이 나왔다. 'TRUE'는 'T', 'FALSE'는 'F', 'NOT GIVEN'는 'NG'라고 답안지에 적어도 정답이다. 9번부터 13번까지 순서대로 답이 나올 것을 예상한다.

9 FALSE / F   키워드 'Anderson'이 E단락부터 나오는 것을 확인 한 후, 'A friend of a friend'을 보고 앤더슨이 파나마로 가기 전에 어셔와 서로 알고 있었다는 것을 확인한 후 정답을 **FALSE**로 적는다.

10 FALSE / F   키워드 'modern luxuries'를 E단락에서 찾은 후, 그 앞의 'stripped down'을 보고 현대 사치품을 많이 벗겨 냈다, 버렸다라는 것을 확인한 후 정답을 **FALSE**로 적는다. 문제에 'still', 'always', 'all' 등의 부사가 나오면 'TRUE'일 확률은 매우 낮고 'FALSE'나 'NOT GIVEN'일 확률이 높다.

11 NOT GIVEN / NG   키워드 '2015'가 E단락의 맨 마지막에 나오는 것을 확인 한 후, 'profit'과 관련된 단어를 찾는다. 다른 자유분방한 모험가가 섬을 구매했다는 이야기는 있지만 어셔가 이윤을 많이 남겼는지에 대한 언급은 없기 때문에 정답은 **'NOT GIVEN'**으로 적는다.

12 TRUE / T   F단락에 키워드 'SNS'는 'social media'로, 'positive recommendations'는 'strong references'라는 동의어로 나온 것을 확인한 후, 다른 사람들의 집을 돌보는 일치하는 내용을 바탕으로 정답을 **'TRUE'**로 적는다.

13 TRUE / T   F단락에 키워드 'Teaching English in China'가 'English teaching in China'로 나오는 것을 확인한 후 'quite different from'을 바탕으로 중국에서 영어를 가르치는 것은 어셔가 해왔던 것(닭이 달걀을 낳는 것을 보기 위해 아침에 일어나는 것)과는 완전히 달랐다는 일치하는 내용을 바탕으로 정답을 **'TRUE'**로 적는다.

READING PASSAGE 2

Questions 14 -16

*Choose the correct letter, **A, B, C** or **D**.*
A, B, C 혹은 D 중에서 올바른 철자를 고르세요.

14 In the first paragraph, a care–giver would not feel a real sense of gratitude because
첫 번째 단락에서 간병인은 진정한 고마움을 느끼지 않는데 왜냐하면

    A they are something from a dystopian novel.
    그들은 반이상향 소설로부터 온 어떤 것이기 때문이다.

    B they have never learned the way to express true appreciation.
    그들은 진정한 고마움을 표현하는 방법을 배우지 못했기 때문이다.

    C they do not want to take over many of the world's jobs.
    그들은 세상의 많은 직업들을 떠맡고 싶지 않기 때문이다.

    D they are robots.
    그들은 로봇이기 때문이다.

15 The writer refers to the fourth industrial revolution
작가는 4차 산업 혁명은 ~라고 언급한다

    A takes us from steam engines to digital technology.
    증기 기관에서 디지털 기술로 우리를 이끈다.

    B is a future where everyday physical objects will be connected to the Internet.
    매일 모든 물리적 사물들이 인터넷과 연결되는 미래다.

    C powers a better standard of living across the world.
    전세계의 더 나은 생활 수준의 이룩하는 힘이다.

    D is only possible by the stuff of science fiction films.
    공상 과학 영화 같은 것들에 의해서만 가능하다.

16 What does the writer suggest about the Chinese hotel?
작가는 중국의 호텔에 대해서 무엇을 제시하는가?

    A This hotel would be very popular among tourists in the future.
    이 호텔은 미래에 관광객들 사이에서 매우 인기가 있을 것이다.

    B Staying at the hotel might not be so funny.
    이 호텔에서 머무는 것은 그리 재미있지 않을지도 모른다.

    C A growing number of robot hotels could cause many social problems.
    증가하는 많은 로봇 호텔들은 많은 사회 문제들을 일으킬 수 있다.

    D Robot hotels would be the best way to save labour costs.
    로봇 호텔은 인건비를 아끼는 가장 좋은 방법일 것이다.

☑ 문제 풀이 순서 : 17-21(Summary) ➡ 22-26(Sentence Completion) ➡ 14-16(Multiple Choice) (여기 문제 풀이에서는 가독성을 위해 순서대로 설명)

☑ 14번부터 16번까지는 우리에게 가장 친숙한 객관식 문제다. 문제가 어느 지문에 나오는 지를 먼저 확인한 후 앞뒤 맥락을 읽고 보기에서 답을 고른다. 14번부터 16번까지 순서대로 답이 나올 것을 예상한다.

14 D 'In the first paragraph'를 보고 첫 번째 단락에서 답이 나올 것을 예상한다. 키워드 'care-giver'와 'gratitude' 의 동의어 'appreciation'을 찾은 후 'this care-giver is not a real human being'을 보고 정답을 **D**로 고른다.

15 B 14번이 첫 번째 단락에서 나왔기 때문에 15번은 두 번째 단락에서 나올 확률이 높다는 것을 예상한다. 키워드 'the fourth industrial revolution'을 두 번째 단락에서 찾은 후 하단에 'the Internet of Things, which refers to the growing network of connected objects all around us'을 보고 정답 **B**를 고른다.

16 C 16번은 세 번째 단락에서 나올 확률이 높다는 것을 예상한다. 키워드 'the Chinese hotel'의 동의어 'a hotel in China'를 세 번째 단락에서 찾은 후 'social inequality would become an even greater problem than it is today'를 보고 정답 **C**를 고른다.

READING

Questions 17-21

*Complete the summary using the list of words and phrases, **A-K**, below.*
아래의 A부터 K까지 단어와 구를 사용해서 요약본을 완성하세요.

*Write the correct letter, **A-K**, in boxes 17-21 on your answer sheet.*
답안지의 17번부터 21번 칸에 A부터 K 중에서 올바른 철자를 쓰세요.

The influence of Industrial Revolution 4.0 on the job market

The **17** 명사 of Industrial Revolution 4.0 would be negative on the job market. For example, looking after **18** 명사/복수/사람 and young children would be a job robots take in half a century. In addition, artificial intelligence could help perform a number of unpopular service jobs such as traffic policing. Some **19** 명사/복수 estimate that a quarter of jobs would not need human resources in the near future. The gap between rich and poor would be far **20** 형용사/비교급 than now because only **21** 명사/복수/사람 could have the robots and then enjoy their automated lifestyle.

고용시장에 미치는 4차 산업 혁명의 영향

4차 산업혁명의 **17** .... 은 고용시장에는 부정적일 것이다. 예를 들면 **18** .... 과 어린 아이들을 돌보는 것은 반세기 안에 로봇이 떠맡을 직업이 될 것이다. 게다가 인공지능은 교통 치안 유지와 같은 많은 비인기 서비스직 수행을 도울 수 있다. 어떤 **19** .... 은 가까운 미래에 직업의 4분의 1은 인력을 필요로 하지 않을 것이라고 추정한다. 빈부격차는 지금보다 훨씬 **20** .... 것인데 오직 **21** .... 만이 로봇을 가질 수 있고 그들의 자동화된 생활을 누릴 수 있기 때문이다.

A the rich 부유한 사람들	**B** poor people 가난한 사람들	**C** influence 영향	**D** large 큰
E the aged 노인들	**F** important 중요한	**G** the young 젊은이들	**H** research 연구
I experts 전문가들	**J** bigger 더 큰	**K** shrink 줄어들다	

문제풀이

☑ 17번부터 21번까지는 지문의 한 단락을 paraphrasing(다른 말로 바꾸어 표현한 것)한 내용의 빈칸에 들어갈 단어를 보기에서 고르는 문제다. 17번부터 21번까지 순서대로 답이 나올 것을 예상한다. Summary 제목의 키워드 'job market'이 세 번째 단락 첫 번째 줄에서 나오는 것을 먼저 확인한 후 이 단락에서 답을 찾는다.

17 C   관사 'The'를 보고 명사를 찾는 문제임을 확인한다. 'the A of B'는 'B소유격 A'로 표현할 수 있다. 세 번째 단락에서 'its impact'를 보고 보기에서 'impact'의 동의어 'influence'를 고른 후 정답을 **C**라고 적는다. 지시문에서 A에서 K 중 하나로 답을 쓰라고 했기 때문에 'influence'라고 쓰면 오답이다.

18 E   'young children'과 'and'로 연결되어 있기 때문에 사람을 나타내는 복수 명사를 찾는 문제임을 알 수 있다. 'looking after'의 동의어 'taking care of'를 찾고 'children' 앞에 있는 'the elderly'와의 동의어 'the aged'를 보기에서 고른 후 정답을 **E**라고 적는다.

19 I   'estimate'를 보고 복수 명사를 찾는 문제임을 확인한다. 키워드 'a quarter'를 보고 지문에서 '25 per cent'를 찾는다. 'estimate'와 'predicts'가 동의어인 것을 확인 한 후 앞에 있는 'One study'의 동의어 'experts'를 보기에서 고른 후 정답을 **I**라고 적는다. 보기 H의 'research'는 의미는 같으나 셀 수 없는 명사, 즉 단수이기 때문에 오답이다.

20 J   문제 앞의 비교급을 수식하는 'far'와 문제 뒤의 'than'을 보고 비교급인 형용사를 찾는 문제임을 확인한다. 문제만 잘 분석해도 보기에서 비교급인 형용사는 J밖에 없기 때문에 답을 금방 찾아 낼 수 있다. 'The gap between rich and poor'의 동의어 'a larger gap between 'the haves and the have nots"을 찾은 후 'larger'의 동의어 'bigger'를 보기에서 고른 후 정답을 **J**라고 적는다.

21 A   'their'를 보고 사람을 나타내는 복수 명사를 찾는 문제임을 알 수 있다. 'have the robots and then enjoy their automated lifestyle'의 동의어 'would control the robots and automated systems'를 찾은 후 'Wealthy individuals'의 동의어 'the rich'를 보기에서 고른 후 정답을 **A**라고 적는다.

Questions 22-26

*Complete each sentence with the correct ending, **A-G**, below.*
각각의 문장을 아래에 있는 올바른 맺음말, A부터 G로 완성하세요.

*Write the correct letter, **A-G**, in boxes 22-26 on your answer sheet.*
답안지의 22번부터 26번 칸에 A부터 G 중에서 올바른 철자를 쓰세요.

22 Robots are likely to succeed
로봇은 성공적인 것처럼 보인다

23 School education by AI has already started
인공 지능에 의한 학교 교육 이미 시작되었다

24 If government officials and experts work together for a regulatory path without external pressure
만약 정부 관계자와 전문가가 외부 압력 없이 규제 과정을 위해서 함께 일할 수 있다면

25 There is an analogy between fire and Industrial Revolution 4.0
불과 4차 산업혁명은 유사점이 있다

26 Enjoying the potential of Industrial Revolution 4.0 can be welcomed
4차 산업혁명의 잠재력을 즐기는 것은 환영 받을 수 있다

A as is shown by the growing popularity of learning applications.
증가하는 학습 앱의 인기에 의해서 보여지듯이.

B because both of them could be a double-edged sword.
그것들 모두 양날의 칼이 될 수 있기 때문에.

C if they provide more convenient lifestyles and meet public demand.
만약 그들이 더 편리한 생활양식을 제공하고 대중의 요구에 부응한다면.

D the proper checks and balances would be maintained.
적절한 견제와 균형이 유지될 것이다.

E if we want to harness the possibilities of a new era.
만약 우리가 새로운 시대의 가능성을 이용하길 원한다면.

F as many religious leaders argue.
많은 종교 지도자들이 주장하듯이.

G unless it comes at the expense of humanity.
만약 인류를 희생하면서 오지 않는다면.

☑ 22번부터 26번까지는 문장의 앞부분이고 문장의 뒷부분인 보기 A부터 G 중 하나를 골라 문장을 완성하는 문제이다. 문제의 키워드를 지문에서 찾은 후 키워드 앞뒤 문장을 읽고 어떤 보기와 일치하는 지를 확인한다. 22번부터 26번까지 순서대로 답이 나올 것을 예상한다.

22 C 키워드 'Robots'와 'succeed'를 네 번째 단락에서 찾은 후 'offer greater convenience and fill a gap in demand'와 동의어인 **C**를 정답으로 고른다.

23 A 키워드 'AI'가 네 번째 단락에서는 'artificial intelligence'로 나온 것을 확인한 후 'as is evidenced by the growing popularity of educational smartphone apps'와 동의어인 **A**를 정답으로 고른다.

24 D 키워드 'government officials and experts'를 다섯 번째 단락에서 찾은 후 'ensuring the presence of effective checks and balances'와 동의어인 **D**를 정답으로 고른다.

25 B 키워드 'fire'를 다섯 번째 단락에서 찾은 후 'the power to enhance our lives and destroy them'과 동의어인 **B**를 정답으로 고른다.

26 G 키워드 'potential'이 여섯 번째 단락에서는 'possibilities'로 나온 것을 확인한 후 'does not come at the expense of humanity'와 동의어인 **G**를 정답으로 고른다.

READING PASSAGE 3

Questions 27-33

*Reading Passage 3 has eight paragraphs, **A-H**.*
리딩 지문 3에는 A부터 H까지 8개 단락이 있습니다.

*Choose the correct heading for paragraphs **B-H** from the list of headings below.*
아래의 주제문 목록에서 B부터 H단락의 올바른 주제문을 고르세요.

*Write the correct number, **i-ix**, in boxes 27-33 on your answer sheet.*
답안지의 27번부터 33번 칸에 i 부터 ix,중에서 올바른 숫자를 쓰세요.

List of Headings   주제문 목록

i   Being ready to take a responsibility
  책임질 준비

ii   Two conditions of being a good companion
  좋은 동반자의 두 가지 조건

iii   The size of a dog
  개의 크기

iv   Heredity in relation to animal breeding
  동물 사육과 관련된 유전

v   The purpose of this guideline
  이 안내서의 목적

vi   The importance of spending some time on a dog even in a perfect environment
  완벽한 환경에서도 개에게 시간을 할애하는 것의 중요성

vii   The way to avoid adopting a canine companion on impulse
  반려견을 충동적으로 입양하는 것을 피하는 방법

viii   The cost of pets
  애완 동물의 가격

ix   The appropriate environment for most dogs
  대부분의 개를 위한 적절한 환경

Example	*예*	*Answer* 답
Paragraph **A**	단락 **A**	v

27   Paragraph B   단락 B
28   Paragraph C   단락 C
29   Paragraph D   단락 D
30   Paragraph E   단락 E
31   Paragraph F   단락 F
32   Paragraph G   단락 G
33   Paragraph H   단락 H

☑ 문제 풀이 순서 : 34-40(T/F/NG) → 27-33(Heading) (여기 문제 풀이에서는 가독성을 위해 순서대로 설명)

☑ 27번부터 33번까지는 각 단락의 주제문을 'List of Headings'에서 고르는 문제. 단락의 처음과 마지막에 주제문이 나올 확률이 높다. 국어 시험에서 주제문을 찾는 것과 아이엘츠에서 주제문을 찾는 것은 다소 다를 수 있다. Heading이 어렵다면 Information 문제를 풀듯이 이 정보가 어디에 나와 있는지를 찾는 것도 좋은 방법이다. Example이 나와 있는 경우에는 'List of Headings'에서 Example의 정답 v를 지우고 시작한다. i 부터 ix는 1부터 9를 의미하는 로마 숫자 소문자다. 반드시 답안지에 로마 숫자 소문자로 답을 적는다.

27   i   B단락의 첫 번째 문장에서 'they are ready to take on the commitment'를 보고 답을 i 으로 고른다. 'responsibility'와 'commitment'는 동의어다.

28   vii   C단락에서 'offer some protection against emotional impulse buying'을 보고 답을 vii로 고른다.

29   iii   D단락에서 개의 크기와 관련된 단어 'smaller'와 'small' 등을 보고 답을 iii로 고른다.

30   iv   E단락 중간에 유전자와 관련된 단어 'ancestry'와 'DNA'를 보고 답을 iv로 고른다.

31   ix   F단락의 마지막 문장에서 'suitable for this category'을 보고 답을 ix로 고른다.

32   vi   G단락의 중반에서 'this situation would be ideal for dogs'와 'an owner living in the countryside is not necessarily going to be prepared to put in the time'을 보고 답을 vi로 고른다.

33   ii   H단락의 마지막 문장에서 'a well-socialised and trained puppy'를 보고 답을 ii로 고른다.

Questions 34-40

Do the following statements agree with the information given in Reading Passage 3?
리딩 지문 3에 주어진 정보는 다음의 말과 일치합니까?

In boxes 34 - 40 on your answer sheet, write
답안지의 34번부터 40번 칸에 쓰세요.

TRUE 참	*if the statement agrees with the information* 이 말이 정보와 일치한다면
FALSE 거짓	*if the statement contradicts the information* 이 말이 정보와 모순된다면
NOT GIVEN 주어지지 않음	*if there is no information on this* 여기에 정보가 없다면

34   Cats come with a much higher level of responsibility for owners than dogs.
     고양이는 개보다 훨씬 더 높은 수준의 주인에 대한 책임감을 가지고 있다.

35   It is always easy to find dog breeds.
     개의 품종을 알아내는 것은 항상 쉽다.

36   The food of rarer dogs is more expensive than that of crossbreeds.
     더 희귀한 개의 사료는 잡종의 사료보다 더 비싸다.

37   The Golden Retriever is suitable for all ages to look after.
     골든 리트리버는 모든 나이대의 사람들이 돌보기에 적합하다.

38   The Poodle is best for prospective dog owners with an allergy to animal hair.
     푸들은 동물 털에 알러지가 있는 예비 개 주인에게 가장 좋다.

39   Small houses in a city could be a good place for animals with physical handicaps.
     도시에 있는 작은 집은 신체적 장애가 있는 동물에게 좋은 장소가 될 수 있다.

40   Big houses with a garden would be suitable for all kinds of dogs.
     정원이 있는 큰 집은 모든 종류의 개에게 적합할 것이다.

☑ 34번부터 40번까지는 독해 실력과 논리력 모두를 평가하는 문제다. 문제를 정확하게 해석하지 못한다면 정답을 찾을 수 없기 때문에 평소 꾸준한 독해 실력을 길러야 한다. 만약 문제를 해석할 수 없거나 풀 시간이 없다면 'TRUE'로 모두 찍는다. 캠브리지 시리즈를 바탕으로 통계를 냈을 때 'TRUE'가 정답으로 가장 많이 나왔다. 'TRUE'는 'T', 'FALSE'는 'F', 'NOT GIVEN'는 'NG'라고 답안지에 적어도 정답이다. 34번부터 40번까지 순서대로 답이 나올 것을 예상한다.

34 FALSE / F   키워드 'responsibility'를 A단락에서 찾는다. A단락에는 고양이 지지자들도 두 동물, 개와 고양이가 주인에 대한 매우 다른 수준의 책임감을 갖고 있다는 것을 인정해야 한다는 내용이 나온다. 즉 고양이가 아닌, 개가 주인에 대한 책임감이 더 높기 때문에 정답은 **FALSE**이다.

35 FALSE / F   A단락에 키워드 'dog breeds'가 'dog's immediate ancestry'로 나오는 것을 확인한다. 'easy'가 아닌 'difficult'로 나왔기 때문에 정답은 **FALSE**이다. 문제에 'still', 'always', 'all' 등의 부사가 나오면 'TRUE'일 확률은 매우 낮고 'FALSE'나 'NOT GIVEN'일 확률이 높다.

36 NOT GIVEN / NG   키워드 'rarer dogs'가 C단락에 나오지만 'food'에 대한 언급이 없기 때문에 정답은 **NOT GIVEN**이다. 비교급이 나오면 'TRUE'일 확률은 매우 낮고 'FALSE'나 'NOT GIVEN'일 확률이 높다.

37 TRUE / T   키워드 'Golden Retriever'를 D단락에서 찾는다. 문제의 'all ages'와 지문의 'both adults and children'이 동의어인 것을 확인하고 모두에게 적합하다는 내용을 확인 한 후 정답을 'TRUE'로 적는다.

38 TRUE / T   키워드 'Poodle'과 'allergy'를 D단락에서 찾고 알러지가 있는 주인에게 적합하다는 내용을 확인한 후 정답을 'TRUE'로 적는다.

39 TRUE / T   키워드 'physical handicaps'의 동의어인 'disabled'를 E단락에서 찾고 장애가 있는 동물에게는 좋은 장소라는 내용을 확인 후 정답을 'TRUE'로 적는다.

40 FALSE / F   키워드 'Big houses with a garden'의 동의어인 'their own garden or a large home'을 F단락에서 찾고 'all'이 아니라 'More or less any dog, with a few exceptions'로 나왔기 때문에 정답은 **FALSE**이다. 문제에 'still', 'always', 'all' 등의 부사가 나오면 'TRUE'일 확률은 매우 낮고 'FALSE'나 'NOT GIVEN'일 확률이 높다.

READING PASSAGE

READING PASSAGE 1

A LIFE LESS ORDINARY
The man who escaped a mundane existence by selling everything he owned

A   Ian Usher looks like a regular man. He keeps his hair short, wears conservative glasses and dresses modestly. But the 52-year-old's life is anything but ordinary, and his story reads like that of an explorer from an age long gone. Far from being just a source of curiosity, however, Usher's experience has the power to inspire the rest of us – as evidenced by Walt Disney Pictures' move to secure the rights to turn his life into a movie.

B   Usher's story turned extraordinary in 2008, when years after moving to Australia from his native England he made a brave and bizarre decision. On the surface, he had already achieved what so many dream of. Still in his early 40s, Usher was married and had a successful career – he and his wife were even building their own house in Perth, Western Australia. <u>Then their relationship collapsed, and his whole existence changed. In need of a fresh start,</u> Usher put his 'life' up for sale online. The package included everything from his dream house, complete with outdoor spa bath, to his job, car, motorcycle and even <u>clothes</u>. $400,000 better off, but with zero possessions, Usher went on an incredible journey.

Q3

Q6

C   Now single and free from all commitments, Usher set off in August 2008 with the aim of completing 100 life goals in 100 weeks. These challenges varied from the relatively mundane activities one might stumble across on a popular tourist trail to the downright bizarre. Over the next two years, he attended Oktoberfest in Germany, rode an ostrich, swam with a whale shark and completed a nude skydive. He walked on the Great Wall of China, memorized the influential poem 'If' by Rudyard Kipling, learned to play the didgeridoo and stayed a night at an underwater <u>hotel</u>. 112 flights, 81 airports, 41 airlines, 31 countries and six continents later, he still had seven goals left to achieve – including watching a baby being born, raising $50,000 for bowel cancer research, learning how to lucid dream and gathering four other people by the name of Ian Usher all in one place with him. But by July 2010, that initial incredible adventure had come to an end, and Usher's life entered a new chapter.

Q7

D   After a stint in Canada, Usher found a place to call home in early 2011. Having abandoned his former conventional life, he was certainly not ready to return to what most might consider normality. Instead, Usher actually bought his own remote Caribbean <u>island</u> to live on in Panama. Despite all his recent experiences, he still had to learn the hard way how to survive in a very basic world. An abandoned old house on a nearby island was a reminder to him of what his own property might look like if things were to go wrong. Step by step, Usher set up a modest two-bedroom house and a self-sufficient lifestyle – <u>his power was provided by solar panels</u> and his food came from chickens, the land around him and a convenience store shack that he could reach by boat. As for water, that rained down on him quite literally.

Q8

Q1

E The only thing that was missing was a companion. But even that need was met by divorcee Vanessa Anderson in 2013. <u>A friend of a friend</u>, Anderson was based in London after the breakup of her own marriage. Inspired by the idea of taking a holiday on Usher's island, she flew over to Panama to join the voluntary castaway. Her vacation became a longer-term stay as romance blossomed between the pair and they developed a wonderfully efficient partnership. <u>Anderson learned how to take pleasure in the most tiresome chores. She washed clothes, for example, by treading on them in soapy water – a process not unlike stepping on grapes for winemaking. She threw herself into Usher's way of life, which while stripped down of many modern luxuries was not entirely primitive.</u> The couple still had access to <u>the Internet, for example, and actually designed websites together to make some extra money to meet their modest needs.</u> This practical approach to realizing an idyllic dream no doubt contributed to their success in carving out a surprisingly manageable life, but it would not last too much longer. Simply put, Usher and Anderson came to the realisation that life still had much to offer them away from their island. <u>So they put it up for sale, and another free-spirited adventurer came along to complete the purchase in late 2015.</u>

Q9

Q5

Q10

Q2

Q11

F But what next for the man who seems to have done it all? Well, Usher and Anderson are far from bored. After leaving behind their island, they have continued to be globetrotters. <u>Thanks to social media, they became established house sitters. After building some strong references, they started to make themselves more available to look after other people's homes.</u> This footloose way of living might not be for everyone, but the couple have demonstrated that true freedom is still possible in this modern world. In fact, technology such as the Internet has allowed them to be freer than they ever would have been able to be without the ability to communicate effectively with people all over the globe. <u>Usher has even tried his hand at English teaching in China – quite different from getting up in the morning to see if one of your island's chickens has laid an egg for breakfast.</u> But his spirit remains the same, and perhaps it has even been taken to a new level with Anderson by his side.

Q4/Q12

Q13

G If Usher has one message for the rest of us, judging by the quote he chose to put on the front page of his website, it would be to not hide from life's difficulties. In his own words, "what we decide to do in the face of adversity is perhaps the truest measure of character."

불법 포인트

escape : 탈출하다	mundane : 일상적인	existence : 생활
by ~ing : ~ 함으로써	own : 소유하다	look like : ~처럼 보이다
conservative : 보수적인	modestly : 얌전하게	anything but : 결코 ~이 아닌
ordinary : 평범함	explorer : 탐험가	far from : 결코 ~가 아닌
a source of curiosity : 호기심거리	inspire : 영감을 주다, 격려하다	right : 판권
turn A into B : A를 B로 바꾸다	extraordinary : 기이한, 놀라운	brave : 용감한
bizarre : 기이한	on the surface : 얼핏 보기에는	collapse : 붕괴하다, 무너지다
better off : (형편)이 더 나은	possession : 소유물	incredible : 놀라운
commitment : 책무	set off : 출발하다	complete : 완료하다
vary from A to B : A부터 B까지 다양하다	stumble across : ~을 우연히 발견하다	tourist trail : 관광 코스
downright : 완전히	ostrich : 타조	whale shark : 고래 상어
influential : 영향력 있는		

poem : 시
bowel cancer : 대장암
adventure : 모험
abandon : 버리다
remote : 외진, 외딴
go wrong : 잘못하다
self-sufficient : 자급자족의
convenience store : 편의점
companion : 동반자
voluntary : 자발적인
tiresome : 짜증나는
step on : ～을 밟다
entirely : 완전히
practical : 현실적인
no doubt : 의심의 여지가 없는
realisation : 깨달음, 인식
purchase : 구매
reference : 언급, 참고
try one's hand : 시도하다
hide from : 비밀로 하다

didgeridoo : 디제리두(아주 긴 피리같이 생긴, 오스트레일리아 원주민의 목관 악기)
lucid dream : 자각몽
come to an end : 끝나다
conventional : 전형적인
despite : ～에도 불구하고
step by step : 단계적으로
solar panel : 태양전지 판
shack : 판자집
divorcee : 이혼한 사람
castaway : 조난자
chore : 하기 싫은 일
throw A into B : A를 B로 빠뜨리다, 던져 넣다
primitive : 원시 사회의
approach : 접근
contribute to : ～에 기여하다
free-spirited : 자유분방한
globetrotter : 세계 일주 여행가
look after : 돌보다
judge : 판단하다
adversity : 역경

initial : 처음의
stint : 일정 기간 동안의 일, 활동
normality : 정상 상태
survive : 살아남다
set up : ～을 세우다
come from : ～에서 나오다
literally : 말 그대로
breakup : 이별, 파탄
blossom : (감정)이 싹트다
tread on : 발로 밟다
strip down : 벗겨 내다
modest : 보통의
idyllic : 전원적인
carve out : 노력해서 얻다, 자수성가하다
adventurer : 모험가
house sitter : 남의 집을 지키는 사람
footloose : 매인 데 없는
quote : 인용하다

덜 평범한 삶

가지고 있는 모든 것을 팔아서 재미없는 생활에서 탈출한 남자

A 이안 어셔는 보통 사람처럼 보인다. 그는 짧은 머리를 하고 보수적인 안경을 쓰고 얌전하게 옷을 입는다. 하지만 52세의 인생은 결코 평범하지 않고 그의 이야기는 오래 전에 사라진 탐험가의 이야기를 읽는 것 같다. 단지 호기심거리가 되는 것에서 벗어나, 어셔의 경험은 우리들에게 영감을 주는 힘을 가지고 있다 - 그의 삶을 영화로 바꾸는 저작권을 확보한 월트 디즈니 영화사의 움직임에 의해 입증된 것처럼.

B 어셔의 이야기는 그가 고향 영국에서 호주로 이사하고 난 수년 후에 용감하고 기이한 결정을 한 2008년에 대단하게 전개되었다. 얼핏 보기에 그는 많은 꿈들을 이미 이루었다. 40대 초에 어셔는 결혼했고 성공적인 직장 생활을 했었다. 심지어 그와 아내는 서 호주 퍼스에 그들의 자택을 짓고 있었다. 그 때 그들의 관계는 무너졌고 그의 모든 생활이 바뀌었다. 새로운 출발이 필요해서 어셔는 그의 '삶'을 온라인에 팔려고 내놓았다. 이 패키지에는 야외 스파가 완비된 그가 꿈꾸던 집에서부터 그의 일, 자동차, 오토바이 그리고 심지어는 의류까지 모든 것이 포함되었다. 40만 달러가 넘었지만 아무것도 소유하지 않고 어셔는 놀라운 여행을 떠났다.

C 이제 독신이고 모든 책무에서 자유로운 어셔는 100주에 100개의 인생 목표를 완성하는 것을 목적으로 2008년 8월에 출발했다. 이 도전들은 인기 있는 관광 코스를 우연히 발견하는 비교적 재미없는 활동에서부터 완전히 기이한 것까지 다양했다. 향후 2년 동안 그는 독일의 옥토버페스트 축제에 참여했고 타조를 탔고 고래상어와 수영을 했으며 나체로 스카이다이빙을 마쳤다. 그는 중국의 만리장성을 걸었고 루디야드 키플링의 영향력 있는 시 'If'를 외웠고 디제리두 연주를 배웠고 수중 호텔에서 하룻밤을 지냈다. 112번의 비행, 81개의 공항, 41개의 항공사, 31개국과 6대륙 후에 성취할 7개의 목표가 남았는데, 태어나는 아기를 보고 대장암 연구에 5만 달러의 기금을 마련하고 자각몽 꾸는 방법을 배우고 이안 어셔라는 이름을 가진 4명의 다른 사람들을 모두 그와 함께 한 장소에 모으는 것을 포함한다. 하지만 2010년 7월쯤, 초기의 믿을 수 없는 모험은 끝나게 되었고 어셔의 삶은 새로운 장으로 접어들었다.

D　캐나다에서 잠시 머문 후 어셔는 2011년 초 집에 전화를 하기 위해 장소를 찾았다. 이전의 전형적인 삶을 버리고 그는 대부분의 사람들이 정상이라고 생각하는 곳으로 돌아갈 준비가 확실히 되지 않았다. 대신에 어셔는 실제로 파나마에서 살기 위해서 자신의 외딴 카리브해 섬을 구매했다. 그의 모든 최근 경험들에도 불구하고 그는 아주 기본적인 세상에서 살아 남는 방법을 여전히 비싼 값을 치르고 배워야 했다. 근처 섬들의 버려진 오래된 집은 그에게 만약 일들이 잘못되면 그가 가진 건물이 어떤 모습이 될지를 상기시켰다. 단계적으로 어셔는 일반적인 침실이 두 개 있는 집을 지었고 자급자족의 생활 방식을 시작했다. 전기는 태양전지 판에서 제공되었고 음식은 닭과 주변의 땅 그리고 배로 갈 수 있는 판잣집 같은 편의점에서 얻었다. 물의 경우에는 말 그대로 내리는 비였다.

E　유일하게 놓친 것은 동반자였다. 그러나 그 필요조차도 2013년에 이혼여성 바네사 앤더슨에 의해 충족됐다. 친구의 친구 앤더슨은 그녀 자신의 결혼 생활이 깨진 후 런던에 정착했다. 어셔의 섬에서 휴가를 보내는 생각에 영감을 받아서 그녀는 자발적인 조난자에 합류하기 위해서 파나마로 날아갔다. 그녀의 휴가는 둘 사이에 로맨스가 꽃을 피움으로써 장기 체류가 되었고 그들은 놀랍도록 효율적인 파트너쉽을 발전시켰다. 앤더슨은 가장 짜증나는 집안일을 즐기는 방법을 배웠다. 예를 들어 그녀는 비눗물에서 옷을 담아 밟아서 세탁을 했는데, 이 과정은 포도주를 만들기 위해 포도를 밟는 것과 다르지 않았다. 그녀는 어셔의 삶의 방식 속으로 그녀를 내던졌는데 많은 현대 사치품은 벗었지만 완전히 원시적이지는 않았다. 예를 들면 부부는 여전히 인터넷을 이용할 수 있었고 실제로 그들은 보통의 필요 요건을 충족시키기 위한 약간의 여유 돈을 벌기 위해서 함께 웹사이트를 만들었다. 전원적인 꿈을 실현을 위한 이 현실적인 접근은 놀랍도록 감당할 수 있는 삶을 개척한 성공에 기여했다는 것에는 의심의 여지가 없었지만 매우 오래 지속되지는 못했다. 간단히 말해서 어셔와 앤더슨은 그들의 섬을 떠나도 인생은 그들에게 제공할 수 있는 많은 것을 가지고 있다는 것을 깨닫게 되었다. 그래서 그들은 그 섬을 팔려고 내놓았고 다른 자유분방한 모험가가 2015년 말에 구매를 완료하기 위해서 왔다.

F　하지만 모든 것을 다 끝낸 것처럼 보이는 이 남자에게 다음은 무엇일까? 글쎄, 어셔와 앤더슨은 지루함과는 거리가 멀다. 그들은 그들의 섬을 뒤로하고 떠난 후에도 계속해서 세계를 여행하는 여행가들이다. 소셜 미디어 덕분에 그들은 인정받는 남의 집을 지키는 사람이 되었다. 몇 개의 강력한 추천을 받은 후 그들은 다른 사람들의 집을 돌볼 수 있게 되었다. 이 매인 데 없는 생활방식이 모두에게 알맞은 것은 아니겠지만 이 부부는 진정한 자유가 이 현대 세계에서도 여전히 가능하다는 것을 보여주었다. 사실상 인터넷과 같은 기술은 전세계 사람들과 효율적으로 소통하는 능력이 없어도 그들이 여태까지 할 수 있었을 것 보다 더 자유롭게 되는 것을 가능하게 했다. 어셔는 중국에서 영어 수업을 시도해 보았는데 당신의 섬에 있는 닭들 중 한 마리가 아침식사로 달걀을 낳고 있는지 보기 위해서 아침에 일어나는 것과는 완전히 달랐다. 하지만 그의 정신은 변함이 없었고 아마도 이것은 그의 옆에 있는 앤더슨과 함께 하는 새로운 수준의 일이었다.

G　그의 웹사이트 첫 페이지에 올리기로 결정한 인용구로 판단해 볼 때, 만약 어셔가 우리 모두에게 들려주고 싶은 메시지가 있다면 삶의 어려움으로부터 숨지 않는 것이다. 그의 말에 따르면, "역경에 맞서서 우리가 하기로 결정한 것이야말로 아마도 가장 진정한 인격의 척도일 것이다."

READING PASSAGE 2

BEWARE THE FOURTH INDUSTRIAL REVOLUTION
The future is here and it holds as many perils as it does possibilities

Imagine waking up one day as an elderly person, calling for help getting out of bed from a care-giver. Then imagine receiving that assistance almost instantly, and being guided to the bathroom before being returned to bed and served a nice cup of hot tea. But also imagine saying "thank you," knowing that your care-giver would have no way to feel true appreciation and no way to feel true compassion. That is because this care-giver is not a real human being and robots in this imagined future have taken over many of the world's jobs. Right now, this vision might seem like something from a dystopian novel – but according to an increasing number of experts, we are heading in that direction.

Q14

A new age of innovation is upon us, and it promises to be humanity's most transformative phase ever. They are calling it the fourth industrial revolution. While the first three industrial revolutions have powered a better standard of living across the globe since the 18th century, this new age beckons in a way that is both exciting and absolutely petrifying. The world has already changed so rapidly that it suddenly seems too small to satisfy all of its people, pollutants and ideas. Previous industrial revolutions took us from villages to cities, from farms to factories, from steam engines to digital technology. The world's latest transformation is being driven by the stuff of science fiction and concepts like the Internet of Things, which refers to the growing network of connected objects all around us. But what happens when artificial employees become more desirable than the real thing?

Q15

One of the common concerns about Industrial Revolution 4.0 is its impact on the job market. This is where robots taking care of the elderly and even children become a reality. Some analysts fear that this transition from human care-givers to androids could take place within as little as 50 years. It does not stop there either – many other service sector professions might easily be performed with the help of artificial intelligence. Unpopular areas of employment such as the enforcement of punishments for traffic violations would be perfect for a robot. After all, they could not be upset no matter how much abuse motorists threw at them. In fact, no robot is required when digital cameras track such traffic offences and other crimes, and people automatically receive a fine or summons. This is of course already happening to an extent, but the fourth industrial revolution is allowing widespread changes that reduce the need for as many human employees. One study predicts that 25 per cent of tasks could be automated by 2025. We might chuckle now when we hear about a hotel in China that is completely run by robots, from receptionists to restaurant staff, but it might not be so funny if this were to become normal. In such a scenario, some economists believe that social inequality would become an even greater problem than it is today and that there would be a larger gap between the 'haves and the have nots'. Wealthy individuals would control the robots and automated systems, while the rest of us would have to adapt to a shrinking and evolving job market in order to get by.

Q17
Q18

Q19

Q16
Q20
Q21

A rational person might presume that all this would never be allowed to happen, especially as we are being warned before it is too late. But in much of the developed world today, free markets are shaping the future. Like most things in life, balance is required to ensure both prosperity and the protection of the vulnerable in society. The problem is that when big businesses acquire so much power that they influence policymaking while also helping to move the invisible hand of the economy, then it is left up to the public at large to decide whether those corporations' products and services succeed or not. Then it comes down to basic principles such as demand and supply. If robots offer greater convenience and fill a gap in demand, then they will succeed. We become endangered by the very freedom that seems like a wonderful alternative to excessive government control. So while most of us would not think of placing our children in the care of androids today, future parents might end up actually demanding top quality education by artificial intelligence. The wheels are already in motion, as is evidenced by the growing popularity of educational smartphone apps and other forms of tech-infused learning.

Q22

Q23

As has been briefly implied, there may be a political solution. Governments could work with experts unencumbered by business relationships to decide on a regulatory path, thereby ensuring the presence of effective checks and balances. An analogy with fire might be considered, as a flame has both the power to enhance our lives and destroy them. So it is with the fourth industrial revolution, which might well extend life span and quality while bringing more convenience to everything we do. But as religious leaders have been arguing, this shift could also force us to question what it means to be human. Even in purely material terms, it is difficult for us to imagine just how far Industrial Revolution 4.0 could reach, from unbounded wealth and power in the hands of a few to the threat of cyberterrorism silently blackmailing entities or governments.

Q24

Q25

No single individual can be blamed for wanting to harness the possibilities of a new era. But all of us bear some responsibility with the choices we make to ensure that the age of robot technology and connectivity does not come at the expense of humanity.

Q26

불법 포인트

peril : 위험	possibility : 가능성	elderly person : 노인
care-giver : 간병인	assistance : 도움	appreciation : 감사
compassion : 동정심	take over : 떠맡다	dystopian : 반이상향의
direction : 방향	innovation : 혁신	transformative : 혁신적인
standard of living: 생활 수준	beckon : 손짓하다	exciting : 신나는
absolutely : 완전히	petrify : 겁에 질리게 만들다	satisfy : 만족시키다
pollutant : 오염물질	steam engine : 증기기관	transformation : 변화
science fiction : 공상 과학 소설	the Internet of Things : 사물 인터넷	artificial : 인공의
desirable : 가치 있는, 바람직한	take care of : 돌보다	reality : 현실
analyst : 분석가	take place : 일어나다, 열리다	profession : 직업
artificial intelligence : 인공 지능	enforcement : 시행	punishment : 처벌
traffic violation : 교통 위반	abuse : 학대, 욕설	motorist : 운전자
traffic offence : 교통 법규 위반	fine : 벌금	summons : 소환장
to an extent : 어느 정도	widespread : 광범위한	chuckle : 낄낄거리며 웃다
inequality : 불평등	haves and the have nots : 있는 사람들과 없는 사람들	shrink : 줄어들다
evolve : 발달하다, 진화하다	rational : 합리적인	shape : 형성하다
prosperity : 번영	protection : 보호	the vulnerable : 취약 계층
acquire : 얻다	policymaking : 정책 결정	the invisible hand : 보이지 않는 손
the public : 대중들	at large : 대체로	

demand and supply : 수요와 공급

excessive : 과도한

tech-infused : 기술이 집적된

unencumbered : 방해가 없는, 얽매인 데가 없는

checks and balances : 견제와 균형

enhance : 향상시키다

life span : 수명

threat : 위협

harness : 이용하다

connectivity : 연결

endangered : 위기에 처한

end up : 결국 ~처하게 되다

briefly : 간단히

regulatory : 규제력을 지닌

analogy : 비유

destroy : 파괴하다

religious : 종교의

silently : 조용히

era : 시대

at the expense of : ~의 희생으로

alternative : 대안

artificial intelligence : 인공 지능

imply : 암시하다

thereby : 그렇게 함으로써

flame : 불꽃

extend : 연장하다

unbounded : 무한한

blackmailing : 공갈 협박

responsibility : 책임

4차 산업 혁명에 주의해라

미래는 여기에 있고 가능성이 있는 만큼 많은 위험성도 가지고 있다.

어느 날 노인으로서 잠이 깨고 침대에서 일어나기 위해 간병인에게 도움을 요청하는 것을 상상해보라. 그리고 나서 거의 실시간으로 그 도움을 받고 침대로 돌아가기 전에 목욕탕으로 안내되고 좋은 차 한 잔이 제공되는 것을 상상해보라. 간병인이 진정한 고마움을 느낄 방법이 없고 진정한 동정심을 느낄 방법이 없다는 것을 알면서도 '감사합니다'라고 말하는 것을 또한 상상해 보라. 그것은 이 간병인이 진짜 인간이 아니고 이 상상된 미래에서 로봇이 세계 직업의 다수를 떠맡았기 때문이다. 지금 당장은 이 상상이 반이상향 소설로부터 나온 것처럼 보일 것이지만 점점 더 많은 전문가들에 따르면 우리는 그 방향으로 향해가고 있다.

새로운 혁신의 시대는 우리에게 달렸고 그것은 인류의 가장 혁신적인 국면이 될 것을 약속한다. 그들은 그것을 4차 산업혁명이라고 부르고 있다. 처음 세 개의 산업 혁명들은 18세기 이후 전 세계적으로 더 나은 생활 수준을 이룩하는 힘이 되었지만, 이 새로운 시대는 흥미진진하면서도 완전히 아연실색하는 방법으로 손짓한다. 세상은 이미 너무 빨리 변해서 이것은 모든 사람들, 오염물질과 신념들을 만족시키기에 갑자기 너무 작은 것처럼 보인다. 이전의 산업혁명들은 시골에서 도시로, 농장에서 공장으로, 증기기관에서 디지털 기술로 우리를 이끌었다. 이 세상의 가장 최신 변화는 공상과학 소설과 우리 주변에 있는 점점 증가하는 연결된 사물 네트워크라고 언급되는 사물 인터넷 같은 개념에 의해 주도되고 있다. 하지만 인공 직원들이 인간 직원들보다 더 가치 있게 된다면 무슨 일이 벌어질까?

산업 혁명 4.0에 관한 공동 관심사들 중에 하나는 고용시장에 미치는 영향이다. 여기가 로봇이 노인과 심지어 아이들까지 돌보는 것이 현실화 되는 곳이다. 일부 분석가들은 인간 간병인에서 안드로이드로의 전환이 앞으로 50년이면 일어날 수 있다는 것을 우려한다. 이것은 또한 거기에서 멈추지 않는데, 많은 다른 서비스 분야 직업들이 인공 지능의 도움으로 쉽게 수행될지도 모른다. 교통 위반을 위한 처벌 집행과 같은 인기 없는 고용 분야는 로봇에게는 완벽할 것이다. 어쨌든 로봇들은 운전자들이 그들에게 얼마나 많은 욕설을 하든지에 상관없이 화낼 수 없다. 사실상 디지털 카메라가 그러한 교통 법규 위반과 다른 범죄들을 추적하고 사람들이 자동적으로 벌금이나 소환장을 받을 땐 로봇이 필요하지 않다. 이 것은 물론 이미 어느 정도 일어나고 있지만 4차 산업 혁명은 많은 인간 직원들의 필요성을 감소시키는 광범위한 변화들을 허용하고 있다. 한 연구는 업무의 25%가 2025년까지 자동화될 수 있다고 예측한다. 우리가 접수원부터 식당 종업원까지 로봇에 의해 완전히 운영되는 중국에 있는 호텔에 대해서 듣는다면 지금은 웃을지도 모르지만, 만약 이것이 일반적인 것이 된다면 그렇게 웃기지만은 않을지도 모른다. 이러한 시나리오에서 일부 경제학자들은 사회적 불평등이 오늘날보다 훨씬 더 큰 문제들이 될 것이고 있는 사람들과 없는 사람들 사이에 더 큰 격차가 있을 것이라고 생각한다. 부유한 개인들은 로봇과 자동화 시스템을 조정할 것이지만, 나머지 사람들은 그럭저럭 살아가기 위해서 축소하고 발전하는 노동 시장에 적응해야만 할 것이다.

우리가 경고를 받고 있듯이, 합리적인 사람은 너무 늦기 전에 이 모든 일이 발생하는 것을 절대로 허용해서는 안 된다고 여길지도 모른다. 하지만 오늘날 많은 선진국에서 자유시장이 미래를 설계하고 있다. 인생의 대부분이 그런 것처럼 사회에서 균형은 번영과 약자 보호에도 보장되어야 한다. 문제는 대기업이 경제의 보이지 않는 손을 움직이는 동안 정책 결정에 영향력을 행사하는 막강한 힘을 요구할 때이고, 이러한 기업의 제품과 서비스가 성공할지 아닐지를 결정하는 것은 대체로 대중에게 달려있다. 그리고 이것은 수요와 공급 같은 기본 원칙에 이른다. 만약 로봇이 더 큰 편리함을 제공하고 수요의 격차를 메운다면 그때 로봇은 성공할 것이다. 우리는 과도한 정부의 통제에 대한 훌륭한 대안처럼 보이는 바로 그 자유에 의해 위험에 처하게 된다. 그래서 오늘날 우리들 대부분은 안드로이드의 보살핌에 우리 아이들을 맡기는 것을 생각하지 않은 반면 미래의 부모들은 인공지능에 의한 최고 수준의 교육을 실제로 요구하게 될지도 모른다. 일은 이미 진행 중이고 교육적 스마트폰 앱들과 과학기술이 집적된 학습의 여러 가지 유형들의 인기 증가에 의해 입증된다.

간단히 암시되었듯, 정치적 해결책이 있을지도 모른다. 정부들은 규제 과정을 결정하기 위해서 기업간 거래 관계와 상관없이 전문가들과 함께 일할 수 있고 그렇게 함으로써 효과적인 견제와 균형이 존재하는 것을 보장할 수 있다. 불에 비유해 보면 불꽃은 우리의 삶을 향상시키고 파괴하는 힘 모두를 가지고 있다. 그래서 이것은 우리가 하는 모든 일에 더 많은 편리함을 가져다 주는 동시에 수명과 삶의 질을 연장하는 4차 산업혁명과도 함께 한다. 그러나 종교지도자들은 논쟁을 해왔는데 이런 변화는 또한 인간이 되는 것이 무엇을 의미하는지 우리에게 질문하도록 강요할 수 있다. 심지어 순전히 물질적인 면에서 4차 산업 혁명이 몇몇 사람들의 손에 있는 무한한 부와 권력에서부터 기업과 정부들을 조용히 공갈 협박하는 사이버 테러 위험에 이르기까지 얼마나 멀리 도달할 수 있을지 상상하기가 어렵다.

어떠한 개인도 새로운 시대의 가능성을 이용하고 싶어하는 것에 대해 비난 받을 수 없다. 하지만 우리 모두는 로봇 기술과 연결의 시대가 인류를 희생하면서 오지 않는다는 것을 보장하는 선택에 책임을 져야 한다.

READING PASSAGE 3

CANINE CONSIDERATIONS

Why it is vital for prospective dog owners to think rationally when choosing the breed of their next best friend

A Among the many different pets loved around the world, only one has commonly been given the title 'man's best friend' – the dog. Cats may rival dogs when it comes to popularity, but even the most fanatical of feline supporters would have to admit that the two animals are associated with very different levels of responsibility for owners. While cats tend to be more independent, dogs should be considered a particularly high-maintenance companion. It is worth pointing out though that it is the demanding nature of dogs that allows such intimate relationships to be formed even with humans. But anyone thinking about getting a puppy or adult dog should also be aware that there are hundreds of dog breeds, each with their own distinctive physical characteristics and personality traits. There may also be variations within breeds, and of course each dog has an individual temperament. That does not factor in the countless crossbreeds in existence either. Some of these are deliberately bred but it can be difficult to determine a dog's immediate ancestry, especially in a rescue shelter environment. Nevertheless, this guide will provide a useful overview of considerations when choosing a canine companion.

Q34

Q35

B The first question any prospective dog owner should ask themselves is whether they are ready to take on the commitment. If they work long hours away from home and have nobody to help take care of their intended pet, then a dog may be the wrong choice of animal altogether. Another important issue is the environment around the home. A city flat, for example, will automatically limit the appropriate breed options to less active types. Some garden space might lift that limit, as would the owner's availability for walks, but absolute honesty about one's circumstances is a must to avoid unnecessary heartbreak.

Q27

C Having passed that initial phase of caution, one should spend some time researching dog breeds. There are around 340 of these according to the World Canine Organisation, but pet shops and shelters may not have more than a dozen or so types available at any one time. Rarer dogs could also cost a fortune from renowned breeders. Nevertheless, doing some research in advance will offer some protection against emotional impulse buying. Breeding history offers some excellent clues as to which animals are likely to be more forgiving. A dog that is bred for pulling a sleigh is not going to be ideal for someone who has no experience with handling a lead, and indeed any breed with very active instincts may be difficult for a novice to control. Given the number of dog breeds, it is impossible to offer in-depth analysis here. That said, some general pointers are possible by dividing owners into categories.

Q36
Q28

D For first-time dog owners, we might refer to breeds suited to beginners. Naturally, no dog is born with such a label attached to its forehead, but novices might immediately feel drawn to smaller breeds like the Bichon Frise, Cavalier King Charles Spaniel or Pug. These dogs will happily rest on

Q29

their owner's lap and will not be overpowering. Being a beginner does not mean having to stick to small dogs exclusively though, <u>as the Golden Retriever is famed for its trainability and gentle nature with both adults and children.</u> Likewise, the Poodle is highly intelligent and known for its willingness to adapt to the limitations of novices. Another <u>Poodle bonus is that it may be more suitable for owners with allergies because it hardly sheds its fur.</u> On the other hand, not all small dogs are best for beginners – the Lhasa Apso, Pekingese and Chihuahua can all pack plenty of aggression into their miniature frames.

Q37

Q38

E Another category of owner could be labelled as urban dwellers with small homes. People with limited space are not able to easily satisfy notably energetic breeds unless they can set aside a lot of time for exercise, <u>while other exceptions might include older or disabled animals.</u> Even experienced dog owners should be wary of falling in the trap of presuming that their training skills would compensate for the frustration that some dogs feel after being forced to remain inactive in a small space. <u>Again, ancestry is important here – herding breeds like the Border Collie have hard work in their DNA</u> and would be a challenge for any flat dweller. The urban factor becomes important if a city has very little space in which to be active. Not all big breeds are off the list for those who live in small homes, however. The Greyhound is designed for speed, but not stamina, and is quite happy to live up to its tag as a '40 mph couch potato'. A huge dog such as the Mastiff can also be kept in a flat because of its relaxed personality, although such a big breed might take up a lot more living space.

Q39

Q30

F For people who have their own garden or a large home, the limitations become more relaxed for obvious reasons. Many of the factors already mentioned should still be considered, but having more room to breathe makes life easier for both owner and dog alike. A popular suburban choice of dog worldwide is the Labrador Retriever, which is closely related to the beginner-friendly Golden Retriever. The energetic Labrador is the epitome of a bounding family dog, but this breed is also certainly a handful. <u>More or less any dog, with a few exceptions, would be suitable for this category,</u> while bearing in mind the experience level of the prospective owner.

Q31/Q40

G A final category of owner at the other end of the extreme from an urban dweller with a small home would be someone based in a rural environment with access to a lot of space. <u>In theory, this situation would be ideal for dogs in need of a lot of exercise, such as the wolf-like Siberian Husky. Having said that, an owner living in the countryside is not necessarily going to be prepared to put in the time required to fulfil the needs of a powerful working animal,</u> so evaluation is still essential.

Q32

H Dogs can be the most loyal and loving of companions, and even more so after determining a good match. Regardless of all other considerations, <u>a well-socialised and trained puppy is likely to become every bit a part of the family as its human relatives.</u>

Q33

불법 포인트

canine : 개의	consideration : 숙고	vital : 필수적인
prospective : 장래의	rationally : 이성적으로	pet : 애완동물
rival : 겨루다	when it comes to : ~에 관한 한	popularity : 인기
fanatical : 열광적인	feline : 고양이	admit : 인정하다
be associated with : ~와 관련되다	independent : 독립적인	high-maintenance : 세심한 관리가 필요한

READING **51**

companion : 동반자
distinctive : 독특한
personality trait : 성격적 특성
countless : 셀 수 없이 많은
deliberately : 고의로
rescue shelter : 동물구조 보호소
commitment : 책무
honesty : 솔직함
heartbreak : 슬픔
dozen : 12개
breeder : 사육자
forgiving : 너그러운
instinct : 본능
analysis : 분석
suited : 적합한, 잘 맞는
happily : 행복하게
exclusively : 오로지
intelligent : 똑똑한
shed : 털갈이하다
miniature : 아주 작은
unless : ～하지 않는 한
disabled : 장애를 가진
presume : 추정하다
ancestry : 혈통
couch potato : 소파에 앉아 TV만 보며 많은 시간을 보내는 사람
obvious : 분명한
epitome : 전형
extreme : 극단
evaluation : 평가
relative : 친척

intimate : 친밀한
physical : 신체적인
variation : 변종
crossbreed : 잡종
determine : 밝히다
overview : 개요
appropriate : 적절한
circumstance : 환경
initial phase : 초기 단계
cost a fortune : 엄청나게 비싸다
in advance : 미리
pull a sleigh : 썰매를 끌다
novice : 초보자
pointer : 충고
forehead : 이마
lap : 무릎
be famed for : ～로 유명하다
willingness : 의지
plenty of : 많은
urban dweller : 도시 거주자
set aside : 확보하다
be wary of : 조심하다
compensate for : 보상하다
herding breed : 양떼를 모는 품종
suburban : 교외의
handful : 다루기 힘든 동물
rural : 시골의
determine : 결정하다

breed : 품종
characteristic : 특징
temperament : 기질
existence : 존재
immediate ancestry : 직계 혈통
canine companion : 반려견
absolute : 절대적인
unnecessary : 불필요한
caution : 경고
renowned : 유명한
impulse buying : 충동 구매
lead : (개를 묶어 끄는) 줄
in-depth : 면밀한
divide A into B : A를 B로 나누다
immediately : 즉시
overpowering : 아주 강한
trainability : 훈련 가능성
limitation : 한계
aggression : 공격성
notably : 특히
exception : 예외
trap : 덫
frustration : 좌절

take up : 차지하다
beginner-friendly : 초보자 친화적인
bear in mind : 명심하다
having said that: 그렇긴 해도
regardless of : ～에 상관없이

개에 대한 숙고

예비 개 주인들이 그들의 다음으로 가장 친한 친구의 품종을 고를 때 이성적으로 생각하는 것은 왜 중요한가?

A 세계적으로 사랑 받는 많은 다른 애완동물들 중에 오직 한 동물에만 인간의 가장 친한 친구라는 칭호가 주어졌는데 그것은 바로 개이다. 인기에 있어서는 고양이들이 개와 경쟁할지도 모르지만 가장 열광적인 고양이 옹호자 조차도 두 동물이 주인에 대한 매우 다른 수준의 책임감과 연관되어 있다는 것을 인정해야 할 것이다. 고양이가 더 독립적인 경향이 있는 반면에 개는 특별히 신경을 많이 써야 하는 동반자로 간주되어야 한다. 요구가 많은 개의 천성이 심지어 인간과도 친밀한 관계가 형성되도록 한다는 생각은 주목할 가치가 있다. 하지만 강아지나 다 큰 개를 기르려고 생각하는 누구라도 개의 품종은 수 백 개이고, 각각의 개들은 독특한 신체적 특징과 성격적 특성을 가진 것을 또한 알아야 한다. 품종 내에서 변종이 또한 있을지도 모르고 물론 각각의 개는 각각의 기질을 가지고 있다. 그것은 존재하는 셀 수 없이 많은 잡종과는 상관없다. 이러한 잡종 중 몇몇은 고의로 교배되었지만, 개의 직계 혈통을 밝히는 것은 특히 동물구조 보호소 환경에 있는 경우에는 어려울 수 있다. 그럼에도 불구하고 이 안내서는 반려견을 고를 때 유용한 고려사항의 개요를 제공할 것이다.

B 어떤 예비 개 주인이 그들 자신에게 물어봐야 하는 첫 번째 질문은 그들이 책임을 떠맡을 준비가 되었느냐이다. 만약 그들이 집에서 떨어져 오랜 시간 일하고 그들 미래의 애완견을 돌보는 것을 거들 사람이 없다면 개는 완전히 잘못 선택한 동물이 될 것이다. 또 다른 중요한 문제는 집 주변의 환경이다. 예를 들면 도시의 아파트는 자동적으로 덜 활동적인 종류로 적절한 품종 선택을 제한할 것이다. 주인이 산책할 수 있는 약간의 정원 공간은 그 제한을 없앨지도 모르지만, 어떤 사람의 환경에 대한 절대적인 솔직함은 불필요한 큰 슬픔을 피하는 필수 조건이다.

C 경고 초기 단계를 통과했어도 사람은 개 품종을 연구하는데 약간의 시간을 써야 한다. 세계 애견 단체에 따르면 개의 품종은 약 340종이지만 애견 가게나 보호소들은 한 번에 12가지 보다 많은 품종을 가지고 있지 않을지도 모른다. 명성 있는 사육자로부터 온 더 희귀한 개들은 또한 많은 돈이 들 수 있다. 그럼에도 불구하고 먼저 약간의 조사를 하는 것은 감정적 충동 구매로부터 보호해줄 것이다. 사육 역사는 어떤 동물이 더 너그러울 것 같은지에 대한 훌륭한 단서를 제공한다. 썰매를 끌도록 사육 된 개는 가죽으로 된 개 줄을 다룬 경험이 없는 사람에게는 이상적이지 않을 것이고 실제로 매우 활동적인 본능을 가지고 있는 품종이 초보자가 통제하기 어려울지도 모른다. 개의 품종 수를 고려해볼 때 여기에서 심층적인 분석을 제공하는 것은 불가능하다. 그렇기는 하지만 몇 가지 일반적인 조언은 주인들을 카테고리로 나눔으로써 가능하다.

D 처음으로 개를 기르는 주인들을 위해서 우리는 초보자에게 잘 맞는 품종을 언급할 지도 모른다. 물론 어떤 개도 이마에 그런 꼬리표를 붙이고 태어나지 않지만 초보자들은 비숑 프리제, 카바리에 킹 찰스 스파니엘 그리고 퍼그와 같은 더 작은 품종에 즉각적으로 마음이 끌릴지도 모른다. 이러한 개들은 주인의 무릎 위에 행복하게 휴식을 취할 것이고 위압적이지 않을 것이다. 하지만 초보자가 오로지 작은 개들을 고수해야 한다는 것을 의미하는 것은 아니고, 골든 리트리버 같은 커다란 품종은 어른과 아이들에게 모두 개의 훈련 가능성과 다정한 성격으로 유명하다. 비슷하게 푸들은 대단히 지능이 높고 초보자의 한계에 적응하겠다는 의지로 유명하다. 푸들의 또 다른 이점은 알러지가 있는 주인들에게 더 적합할지도 모르는데, 푸들은 거의 털갈이를 하지 않기 때문이다. 하지만 모든 작은 개들이 초보자들에게 최상인 것이 아니다. 라사 압소, 페키니즈 그리고 치와와는 엄청난 공격성을 그들의 아주 작은 체구에 가득 채울 수 있다.

E 또 다른 주인의 카테고리는 작은 집에 사는 도시 거주자로 분류될 수 있다. 만약 운동을 위한 많은 시간을 확보할 수 없다면 한정된 공간에 사는 사람들은 특히 활동적인 품종들은 쉽게 만족시킬 수 없는 반면, 나이가 더 들거나 장애를 가진 동물들은 예외가 될지도 모른다. 경험 있는 개 주인조차도 그들의 훈련 기술이 일부 개들이 작은 공간에서 계속 활동하지 않은 상태를 유지하도록 강요당한 후에 느끼는 좌절감을 보상할 것이라는 추정의 함정에 빠지는 것을 경계해야 한다. 다시 한번 여기에서 혈통이 중요하다. 보더 콜리같이 양떼를 모는 품종들은 열심히 일하는 것이 그들의 DNA에 내재되어 있어서 어떤 아파트 거주자에게는 도전일 것이다. 만약 한 도시에 활발하게 돌아다닐 공간이 거의 없다면 도시 요소는 중요하게 된다. 하지만 모든 큰 품종들이 작은 집에서 사는 사람들의 리스트에서 제외되는 것은 아니다. 그레이 하운드는 체력이 아니라 속도를 내도록 디자인 되어서 시속 40마일의 카우치 포테이토로서 그레이 하운드의 꼬리표에 부응하는 것이 상당히 행복하다. 마스티프처럼 거대한 개도 비록 그런 큰 품종이 아주 많은 거주 공간을 차지하긴 하지만 느긋한 성격 때문에 아파트에서 키울 수 있다.

F 정원이나 큰 집을 가지고 있는 사람들에게는 분명한 이유들로 제약들이 더 느슨해지게 된다. 이미 언급된 많은 요소들은 여전히 고려되어야 하지만 더 많은 숨 쉴 공간을 갖는 것은 주인과 개 모두의 삶을 똑같이 더 편하게 만든다. 전 세계적으로 교외에서 인기 있는 개는 라브라도 리트리버인데 초보자 친화적인 골든 리트리버와 밀접한 관계가 있다. 활동적인 라브라도는 뛰어오르는 애완견의 전형이지만 이 품종은 또한 확실히 다루기 힘들다. 몇 가지 예외가 있어도 대부분의 개들은 이 카테고리에 적합할 것이지만 예비 주인의 경험 정도를 반드시 명심해야 한다.

G 작은 집에서 사는 도시 거주자의 가장 반대편에 있는 주인의 마지막 카테고리는 많은 공간을 이용할 수 있는 시골 환경에 기반을 둔 누군가일 것이다. 이론상으로 이런 상황은 늑대와 닮은 시베리안 허스키같이 많은 운동을 필요로 하는 개에게는 이상적일 것이다. 그렇기는 해도 시골에 사는 주인이 힘이 센 일하는 동물의 요구를 충족시키기 위해서 필요한 시간을 쏟을 준비가 반드시 되어 있는 것은 아니어서 평가는 여전히 필요하다.

H 개들은 가장 충직하고 사랑스러운 반려자가 될 수 있고 좋은 짝으로 결정한 후에 더욱 그렇다. 다른 모든 고려사항에 상관없이 사회화가 잘 되고 훈련을 잘 받은 강아지는 모두 인간의 친척으로서 가족의 일원이 될 가능성이 있다.

ANSWER KEYS - Listening

Section 1, Questions 1-10

1	February 28 / February 28th
	28 February / 28th February
2	six months / 6 months
3	aerobic
4	Rebounding / Trampolining
5	58.99
6	swimming pool
7	Off-peak
8	reception
9	today
10	Savannah / SAVANNAH

Section 2, Questions 11-20

11	six / 6
12	four / 4
13	front
14	mayor
15	information packs
16	C
17	D
18	E
19/20	IN EITHER ORDER
	B
	A

Section 3, Questions 21-30

21	B
22	A
23	C
24	astronomer
25	black holes
26	experiment
27	employee
28	royalty / royalties
29	racial
30	paper

Section 4, Questions 31-40

31	B
32	B
33	emerged
34	reputation
35	odour / odor
36	occasions
37	creamy
38	odd / strange
39	beef
40	registration

▶ Listening 점수 환산표

Listening (총 40문제)	맞은 개수	1	2 ~ 3	4 ~ 9	10 ~ 16	17 ~ 24	25 ~ 32	33 ~ 37	38 ~ 39	40
	점수	1	2	3	4	5	6	7	8	9

ANSWER KEYS - Reading

Passage 1, Questions 1-13

1	D
2	E
3	B
4	F
5	E
6	clothes
7	hotel
8	island
9	FALSE / F
10	FALSE / F
11	NOT GIVEN / NG
12	TRUE / T
13	TRUE / T

Passage 2, Questions 11-20

14	D
15	B
16	C
17	C
18	E
19	I
20	J
21	A
22	C

23	A
24	D
25	B
26	G

Passage 3, Questions 21-30

27	i
28	vii
29	iii
30	iv
31	ix
32	vi
33	ii
34	FALSE / F
35	FALSE / F
36	NOT GIVEN / NG
37	TRUE / T
38	TRUE / T
39	TRUE / T
40	FALSE / F

▶ Academic Reading 점수 환산표

Academic Reading (총 40문제)	맞은 개수	1	2 ~ 3	4 ~ 9	10 ~ 15	16 ~ 22	23 ~ 28	29 ~ 35	36 ~ 39	40
	점수	1	2	3	4	5	6	7	8	9

☑ Writing은 무조건 Task 2부터 작성한다. 특히 평소 1시간 내에 두 가지 Task를 모두 완성하지 못하는 사람에게는 절대적이다. Task 1 의 배점이 3.5점, Task 2의 배점이 5.5점이기 때문에 Task 1을 아무리 잘 썼다 하더라도 Task 2를 마무리 하지 못했다면 낮은 점수가 나온다. 또한 시험관이 가장 먼저 하는 일은 단어 개수를 세어보는 것이다. 한 두 단어라도 부족하면 큰 감점이 되므로 Task 1은 170단 어 내외, Task 2는 270단어 내외로 쓰는 것을 연습하는 것이 좋다.

☑ Writing Task 1 작성법에 대한 자세한 내용은 ▨ 'NEW 줄리정 불법 아이엘츠' 193~223페이지를, Writing Task 2 작성법에 대 한 자세한 내용은 ▨ 'NEW 줄리정 불법 아이엘츠' 224~277페이지와 ▨ '줄리정 불법 아이엘츠 Writing' 을 참고하자!

☑ 내가 쓴 Writing 점수도 확인하고 첨삭도 받고 싶다면? → '메가잉글리시'의 Writing 첨삭 서비스를 이용해보자! (문의 : 1544-7055)

WRITING TASK 1

You should spend about 20 minutes on this task.	당신은 이 과제에 20분 정도 시간을 할애해야 합니다.
The graph below shows the amount of money spent on books in Britain, France, Japan and Singapore per capita between 1900 and 2015.	아래 그래프는 영국, 프랑스, 일본 그리고 싱가포르의 1990년부터 2015년 사이 1인당 도서 구입액을 보여 줍니다.
Summarise the information by selecting and reporting the main features, and make comparisons where relevant.	중요한 특징들을 선택하고 리포팅 하면서 정보를 요약 하고 관련된 비교를 하세요.
Write at least 150 words.	적어도 150 단어 이상 쓰세요.

Brainstorming

Introduction	**한 문장으로 쓴다.** · 동의어를 사용하여 문제 paraphrasing · 단위가 있으면 단위를 명시
General Trend	**두 문장으로 쓴다.** · 전반적인 내용 : 약간의 변동은 있었지만 모든 나라의 도서 구입액 증가 · 가장 눈에 띄는 내용 : 영국이 주도, 싱가포르는 가장 빠른 증가율 보임
Body 1	**유럽 국가** · 영국 : 2000년과 2010년 사이 약간의 감소에도 불구하고 80달러에서 약100달까지 상승 · 프랑스 : 55달러에서 75달러까지 꾸준히 상승
Body 2	**아시아 국가** · 일본 : 프랑스와 거의 같은 수준으로 시작했으나 결국 최하위에 그침. 1995년부터 5년간 약간의 감소에도 불구하고 10달러 넘게 상승 · 싱가포르 : 2015년도 1인당 70달러의 지출은 1990년 30달러의 2배를 넘음, 조사한지 첫 15년이 지났 을 때에는 단지 40달러였음

Sample Answer

The line graph demonstrates how much the average consumer spent on books in Britain, France, Japan and Singapore over a 25-year period from 1990 in the US dollars scale.

It is clear from the graph that all four countries witnessed an increase in spending on books, but there were some fluctuations. While British literature lovers led the way, the small Asian state of Singapore observed the fastest rate of growth.

Britain's per capita book expenditure was recorded at $80 and nearly $100 in 1990 and 2015 respectively, but the overall rise was interrupted by a modest decline between 2000 and 2010. Elsewhere in Europe, France saw a steady upward climb from $55 to $75.

Book buyers in Japan started out almost level with their French counterparts in terms of spending but ended up last among the four nations evaluated. Japan's average expenditure still advanced by over $10 during the period evaluated despite a slight five-year downward trend beginning in 1995. Singapore's $70 per capita outlay in 2015 was particularly impressive considering it had more than doubled from $30 in 1990 and the figure was only at $40 after the first 15 years studied.

불법 포인트

demonstrate : 보여주다	witness : 목격하다	fluctuation : 변동
observe : 목격하다	per capita : 1인당	expenditure : 지출
respectively : 각각	be interrupted by : ~에 의해 중단되다	modest decline : 완만한 감소
steady upward climb : 꾸준한 상승세	counterpart : 상대자	end up : 결국 ~ 처하게 되다
downward trend : 감소 추세	outlay : 지출	doubled : 두 배가 된
figure : 수치		

우리말 해석

이 선 그래프는 영국, 프랑스, 일본 그리고 싱가포르에서 일반적인 고객이 1990년부터 25년간 책을 구매하는데 미국 달러 단위로 얼마나 많은 돈을 썼는지를 보여준다.

4개국 모두 책에 대한 지출이 증가했지만 약간의 변동이 있었다는 것을 이 그래프를 통해서 알 수 있다. 영국의 문학도들이 이러한 상황을 이끌었던 반면, 아시아의 작은 국가인 싱가포르는 가장 빠른 증가율을 보였다.

영국의 1인당 책 소비는 1990년과 2015년에 각각 80달러와 거의 100달러를 기록했지만, 이 전반적인 증가는 2000년과 2010년 사이 완만한 감소로 중단되었다. 다른 유럽 국가인 프랑스는 55달러에서 75달러로 꾸준한 상승세를 보였다.

일본의 책 구매자들은 지출에 있어서 그들의 프랑스 상대자들과 거의 같은 수준으로 시작했지만 결국 조사한 4개국 중에서 최하위가 되었다. 하지만 일본의 평균적 지출은 1995년부터 시작된 5년간의 약간의 감소 추세에도 불구하고 조사된 기간 동안 10달러 넘게 증가했다. 2015년 싱가포르의 1인당 70달러의 지출은 1990년 30달러의 두 배를 넘는다는 것을 고려했을 때 매우 인상적이고 이 수치는 조사한지 첫 15년이 지났을 때에는 단지 40달러였다.

WRITING TASK 2

You should spend about 40 minutes on this task. Write about the following topic: Without capital punishment our lives are less secure and crimes increase continuously. Do you agree or disagree with this statement? Give reasons for your answer and include any relevant examples from your own knowledge or experience. Write at least 250 words.	당신은 이 과제에 40분 정도 시간을 할애해야 합니다. 다음에 나오는 토픽에 대해서 쓰세요. 사형 제도가 없으면 우리의 삶은 덜 안전하고 범죄는 계속 증가한다. 당신은 이 말에 동의합니까? 동의하지 않습니다? 당신의 답변에 대한 이유를 제시하고 당신이 가지고 있는 지식이나 경험으로부터 어떤 관련된 예들을 포함하세요. 적어도 250 단어 이상 쓰세요.

* 가장 자주 출제되는 1-1) Do you agree or disagree 유형이다. 문제를 정독하고 브레인스토밍을 거친 후 에세이 작성을 시작한다. 'capital'은 '대문자, 자금, 수도'등의 뜻도 있지만 여기서는 형용사로 '사형의'라는 뜻으로 사용된 것을 알아야 논점에 맞는 글을 쓸 수 있다. 동의할 것인지 동의하지 않을 것인지는 직감적으로 결정하지 말고 반드시 브레인스토밍을 거쳐서 영어로 더 많은 내용을 아카데믹하게 쓸 수 있는 쪽으로 내 의견을 정한다. 양쪽 의견을 모두 제시해야 더 높은 점수를 받는다.

Brainstorming

Agree : 사형 제도 찬성	Disagree : 사형 제도 반대
1. loved ones of victims would demand vengeance 희생자를 사랑하는 사람들이 복수를 요구함 · the story of revenge against murderers is common · 살인자에게 복수하는 이야기는 흔함 2. it costs too much money to imprison criminals 범죄자를 투옥시키는데 너무 많은 돈이 듦 · spending decades at the expense of taxpayers · 납세자들의 비용으로 수십 년을 보냄	1. nations that enforce the death penalty still have problems 사형 제도를 시행하는 국가들이 여전히 문제점들을 가지고 있음 · the US continues to suffer murders · 미국은 계속해서 살인으로 고통 받고 있음 2. convicted criminals having their sentences reversed on appeal 항소심에서 그들의 선고가 뒤집힌 유죄 판결을 받은 범죄자들 · no way of undoing the damage · 피해를 돌이킬 방법이 없음 3. a very backward approach to justice 정의에 대한 매우 낙후된 접근 · the general trend is against executions · 전반적인 추세는 사형에 반대

* 여기에서는 'Disagree'에 대한 내용이 'Agree'보다 더 많이 나왔기 때문에 내 의견은 'Disagree'가 된다.

Sample Answer

The question of whether to execute criminals for serious offences continues to be debated in the 21st century, as proponents of capital punishment believe that society at large needs to be protected. However, I cannot support such a brutal form of justice in the majority of cases.

I will admit that capital punishment seems like a tempting option in punishing particularly disturbing crimes. It is easy to understand why loved ones of victims would demand vengeance, and the story of revenge against murderers is common in movies and novels across the ages and in all countries of the world. Furthermore, one might argue that it costs too much money to imprison criminals who appear to be beyond rehabilitation. Some inmates spend decades being incarcerated at the expense of taxpayers.

However, I am not sure that there is a link between capital punishment and the lowering of crime rates. This is because nations that enforce the death penalty still have problems protecting citizens. The United States, for example, continues to suffer murders even though the threat of execution should theoretically be a deterrent in most of the country. Moreover, there have been too many instances of convicted criminals having their sentences reversed on appeal. This is bad enough when someone is released after an unjustified stay in prison, but there is no way of undoing the damage when an innocent person is executed. Finally, state-sanctioned killing seems like a very backward approach to justice in this modern age of enlightenment. The general trend in developed nations is against executions.

Despite the reasonable arguments in favour of the death penalty, I am convinced that the cost to human dignity is greater than any benefit of enforcing a mode of punishment that is heartless at best and tragic at worst.

불법 포인트

execute : 사형시키다	criminal : 범죄자	offence : 범죄	debate : 논쟁하다
proponent : 지지자	capital punishment : 사형	brutal : 잔혹한	justice : 정의
admit : 인정하다	disturbing : 충격적인	vengeance : 복수	revenge : 복수
murderer : 살인자	across the ages and in all countries of the world : 동서고금을 막론하다		imprison : 투옥하다
beyond : ~할 수 없는	rehabilitation : 사회복귀	inmate : 수감자	decade : 10년
incarcerated : 감금된	taxpayer : 납세자	enforce : 시행하다	death penalty : 사형
murder : 살인	execution : 사형	theoretically : 이론상	deterrent : 억제력
convicted : 유죄 판결을 받은	sentence : 선고	on appeal : 항소심에서	release : 석방하다
unjustified : 부당한	innocent : 무고한	sanction : 용인하다	backward : 낙후된
enlightenment : 계몽	human dignity : 인간의 존엄성	heartless : 무정한	at best : 기껏해야
tragic : 비극적인	at worst : 최악의 경우에는		

우리말 해석

심각한 범죄를 저지른 범죄자들을 사형시켜야 하느냐에 대한 질문은 사형 제도를 옹호하는 사람들이 사회는 전반적으로 보호되어야 한다고 생각하기 때문에 21 세기에 논쟁이 계속되고 있다. 그러나 나는 대부분의 경우에 있어 이런 잔혹한 형태의 정의를 지지할 수 없다.

나는 사형 제도가 특히 충격적인 범죄를 처벌하는데 솔깃한 선택처럼 보인다는 것을 인정한다. 희생자를 사랑하는 사람들이 왜 복수를 요구하는지 쉽게 이해가 되고 살인자에게 복수하는 이야기는 동서고금을 막론하고 영화나 소설에서 흔하다. 게다가 누군가는 사회복귀를 할 수 없는 것처럼 보이는 범죄자를 투옥시키는데 너무 많은 돈이 든다고 주장할지도 모른다. 어떤 수감자들은 납세자들의 비용으로 수감된 채 수십 년을 보낸다.

그러나 나는 사형 제도와 범죄율 감소 사이의 연관성에 확신이 없다. 이것은 사형 제도를 시행하는 국가들이 여전히 국민을 보호하는데 있어 문제점들을 가지고 있기 때문이다. 예를 들어 미국은 이론상으로 보면 이 국가의 대부분의 곳에서 사형의 위협은 억제력이 되어야 하지만, 계속해서 살인으로 고통 받고 있다. 게다가 항소심에서 그들의 선고가 뒤집힌 유죄 판결을 받은 범죄자들의 예는 너무 많이 있어왔다. 어떤 사람이 감옥에서 부당하게 머문 후 석방되는 것도 충분히 나쁘지만, 무고한 사람이 처형당할 때 피해는 돌이킬 방법이 없다. 마지막으로 국가가 용인한 살인은 이 현대 계몽 시대에서 정의에 대한 매우 낙후된 접근처럼 보인다. 선진국의 전반적인 추세는 사형에 반대하고 있다.

사형 제도에 호의적인 합당한 주장에도 불구하고, 나는 인간 존엄의 가치는 기껏해야 무정하고 최악인 경우에는 비극적인 처벌 방식을 시행하는데 따른 어떤 이익보다도 더 크다고 확신한다.

Speaking File Free Download : sunnysunday.co.kr / blog.naver.com/iloveielts

☑ 아이엘츠 Speaking 시험은 일상 대화와는 다르다. 자연스러우면서도 아카데믹하게 이야기 해야 높은 점수가 나온다. 친구들과의 대화체가 아닌, 거울을 보면서 뉴스 앵커, 발표자 등을 떠올리며 전문가처럼 말하는 연습을 한다. 본인의 목소리를 녹음한 후 들어보는 것도 장단점을 분석하는데 상당한 도움이 된다. '줄리정 불법 아이엘츠 VOCA' 의 주제별 단어와 예문을 바탕으로 나만의 모범 답안을 만들어 보는 것도 좋다. 좀 더 많은 기출 문제들은 '줄리정 불법 아이엘츠 Speaking' 을 참고하자!

PART 1

PART 1은 비교적 간단하고 쉬운 질문들이지만 절대로 단답형으로 대답해서는 안 된다. Direct Answer(직접적인 대답) + Additional Information(추가 정보)으로 복문으로 1문장 또는 2문장, 10초 내외로 답한다.

Sample Answer

Q. What is your full name?

A. My name is Jinhee Jung but you can feel free to call me Juli. That is my English name.

Q. Can I see your ID?

A. Yes of course. Here you are.

Q. Where are you from?

A. I am from Bundang which is a residential area on the outskirts of Seoul.

Q. Do you work or study?

A. Actually I do both! I study English Literature at university but I also have a part-time job.

Q. What do you do?

A. I work at a bar in Itaewon. That mostly involves pouring drinks and cleaning glasses, which is better than it sounds because I meet a lot of different people from different countries and have a chance to speak in English to them.

Q. What do you like the most about your job?

A. As I mentioned, the social aspect of the job is appealing to me. I have built good friendships with both co-workers and customers.

Q. Do you like to dance? Why?

A. I am not really a big fan of dancing. Even though I am happy to socialise, I am relatively self-conscious about dancing in public.

Q. Did you learn how to dance in school?

A I didn't have formal dancing classes at school, but I have just started learning 'salsa' at a social club.

Q. Where do people usually dance in your country?

A. A lot of my friends like to dance at bars and nightclubs, but traditional dancing is also still very popular in public spaces on special occasions.

Q. Do you like to watch other people dance?

A. I prefer to watch other people dance! It can be really entertaining when they are talented.

Q. Why do people like to dance in your opinion?

A. Some people might do it for exercise or to try a new hobby, but I think most people dance because they just naturally enjoy it.

Here you are. : 여기 있습니다.   English Literature : 영문학   pour drinks : 술을 따르다
clean glasses : 컵을 닦다   appealing : 매력적인, 흥미로운   co-worker : 동료
socialise : 사귀다, 어울리다   self-conscious : 남의 시선을 의식하는   in public : (자기가 알지 못하는) 사람들이 있는 데서
special occasion : 특별한 경우, 특별한 날   entertaining : 재미있는
talented : (타고난) 재능이 있는

우리말 해석

Q. 성함이 어떻게 되시죠?

A. 제 이름은 정진희이지만 줄리라고 편하게 부르셔도 됩니다. 그게 제 영어 이름입니다.

Q. 신분증 좀 볼 수 있나요?

A. 네. 물론이죠. 여기 있습니다.

Q. 어디에서 오셨어요?

A. 저는 서울 외곽에 있는 주거 지역인 분당에서 왔습니다.

Q. 일하세요? 공부하세요?

A. 사실 저는 두 가지를 모두 하고 있습니다. 대학에서는 영문학을 공부하지만 아르바이트도 하고 있습니다.

Q. 무슨 일 하세요?

A. 저는 이태원에 있는 바에서 일합니다. 그것은 대부분 술을 따르고 컵을 닦는 일이지만 듣기보다는 괜찮은데 다른 나라에서 온 많은 사람들을 만나고 그들과 영어로 말하는 기회를 갖기 때문입니다.

Q. 당신의 일에서 어떤 점을 가장 좋아하세요?

A. 말씀 드린 대로 이 일의 사회적인 측면이 저에게는 매력적입니다. 저는 동료와 손님들과 돈독한 우정을 쌓고 있습니다.

Q. 춤추는 거 좋아하세요? 왜요?

A. 저는 춤추는 것을 매우 좋아하는 사람은 아닙니다. 비록 어울리는 것은 좋아하지만 모르는 사람들 앞에서 춤추는 것이 비교적 신경 쓰이기 때문입니다.

Q. 당신은 학교에서 춤추는 법을 배웠나요?

A. 저는 학교에서 정규 춤 강습을 받은 적은 없지만 사교 클럽에서 살사를 배우는 것을 막 시작했습니다.

Q. 당신의 나라에서 사람들은 주로 어디에서 춤을 추나요?

A. 제 친구들 중 다수는 바나 나이트클럽에서 춤추는 것을 좋아하지만 전통 춤도 특별한 날 공공 장소에서 여전히 매우 인기가 있습니다.

Q. 당신은 다른 사람들이 춤추는 것을 보는 걸 좋아하세요?

A. 저는 다른 사람들이 춤추는 것을 보는 걸 더 좋아합니다. 그들이 타고난 재능을 가졌을 땐 정말 재미있습니다.

Q. 당신은 왜 사람들이 춤추는 것을 좋아한다고 생각하세요?

A. 어떤 사람들은 운동으로 혹은 새로운 취미를 시도하기 위해서 춤을 출지도 모르지만 저는 대부분의 사람들은 단지 자연스럽게 춤을 즐기기 때문에 춘다고 생각합니다.

SPEAKING

PART 2

PART 2는 1~2분 내외의 프리젠테이션이다. 시험관에게 문제가 적힌 Cue Card를 받으면 1분간 이 문제를 어떻게 말할 것인지 브레인스토밍을 한다. 평소에 준비했던 문제를 받았다면 훨씬 더 자신감 있게 답할 수 있는 건 당연하다. 따라서 주제별로 20개의 기출 문제를 연습한 후 시험을 보러 가자. 1~2분으로 답하라고 하지만 1분 미만이면 매우 낮은 점수가 나오고 2분이 넘어가면 말을 중단시키기 때문에 평소 1분 30초 정도 내외로 준비하는 것이 효율적이다. Opening + 하위 질문 4개 + Closing 순으로 총 6단계로 답한다.

Describe a mistake that you made in the past.
 	
You should say :
    what the mistake was
    when and where you did it
    why you made it
and explain what you learned from it.
	당신이 옛날에 했던 실수에 대해서 묘사하세요.
	
	당신은 반드시 말해야 합니다.
	    그 실수가 무엇이었는지
	    언제 어디에서 당신은 그 실수를 했는지
	    왜 당신은 그 실수를 했는지
	그리고 당신이 그 실수를 통해서 배운 것을 설명하세요.

Brainstorming

1단계	Opening	Template (Now I am going to talk about~) + 문제 paraphrasing
2단계	Sub-question 1 what the mistake was	캐나다 여름 캠프 계획을 마지막 순간에 취소함
3단계	Sub-question 2 when and where you did it	15살 때, 서울
4단계	Sub-question 3 why you made it	캠프 일주일 전부터 혼란스럽고 두려움
5단계	Sub-question 4 and explain what you learned from it	인생의 진전을 위해서는 불편도 감수해야 한다는 것을 배움, 훨씬 더 낙관적으로 변함
6단계	Closing	Template (That's all from me, thank you very much for your attention.)

Sample Answer

Now I am going to talk about a mistake I made during my adolescence.

I was supposed to go to Canada for a summer camp but I was scared that I would be homesick so I cancelled my plan at the last minute. I still really regret not going because if I had gone to Canada at that time, I would be able to speak English much better than I can now!

This all happened several years back when I was about 15. I signed up to the camp in rural British Columbia with a few other pupils from my school. I was excited about experiencing many different activities. Part of me was bored with being a teenager in Seoul, but I also thought of spending a month in Canada as a once in a lifetime opportunity.

Although I considered myself to be a risk taker, I started to feel really confused about a week before I was supposed to travel. That confusion turned into fear and I spoke to my parents for advice. In the end, the choice was up to me and I decided to stay at home in Korea.

It took me a while to learn that sometimes in life you have to allow yourself to feel uncomfortable in order to progress. It was a mistake to skip the chance to spend time abroad when I was younger, but I also recognise that every day is a chance to fulfil my ambitions and so my attitude has transformed to become a lot more optimistic.

That's all from me, thank you very much for your attention.

문법 포인트

make a mistake : 실수하다	adolescence : 청소년기	scared : 두려운	homesick : 향수병을 앓는
at the last minute : 마지막 순간에	regret : 후회하다	sign up : 등록하다	pupil : (초중고) 학생
once in a lifetime opportunity : 인생에서 단 한 번뿐인 기회	risk taker : 모험가	confused : 혼란스러운
confusion : 혼란	turn into : ~으로 바뀌다	fear : 두려움	be up to : ~에 달려있다
ambition : 욕구, 욕망	attitude : 태도	transform : 변형시키다	optimistic : 낙관적인

우리말 해석

지금부터 나는 내가 청소년기에 저지른 실수에 대해서 이야기 하겠습니다.

나는 여름 캠프로 캐나다에 갈 예정이었지만 향수병에 걸리는 것이 두려워서 마지막 순간에 내 계획을 취소했습니다. 나는 지금까지도 가지 않은 것을 정말로 후회하고 있는데 내가 만약 그 때 캐나다를 갔었다면 지금보다 훨씬 더 영어를 잘 구사할 수 있었기 때문입니다.

이 모든 것은 내가 15살이었던 몇 년 전에 발생했습니다. 나는 몇 몇 학교 친구들과 브리티시컬럼비아 시골의 캠프에 등록했습니다. 나는 많은 다른 활동들을 경험하는 것에 대해 신이 났습니다. 내 맘 한구석은 서울에서 10대로 지내는 것이 지루했고 나는 또한 캐나다에서 한 달을 보낸 다는 것이 인생에서 단 한 번뿐인 기회라고 생각했습니다.

비록 나는 스스로 모험가라고 생각했지만 여행하기로 했던 일주일 전쯤부터 정말로 혼란스럽기 시작했습니다. 그 혼란은 두려움으로 바뀌었고 나는 조언을 구하기 위해 부모님께 말씀 드렸습니다. 결국 그 선택은 나에게 달렸었고 나는 한국 집에서 머무는 것으로 결정했습니다.

인생의 진전을 위해서는 때로는 불편도 감수해야 한다는 것을 배우는데 시간이 걸렸습니다. 이것은 내가 더 어렸을 때 해외에서 시간을 보내는 것을 빼먹은 실수였지만 나는 또한 매일매일이 내 야심을 실현하는 기회라는 것을 깨달아서 나의 태도는 훨씬 더 낙관적으로 변했습니다.

여기까지입니다. 주목해 주셔서 감사합니다.

PART 3

PART 3는 PART 2와 연관된 심화 질문이다. 우리말로 대답해도 높은 점수를 받기 어려운 문제들이 출제되기 때문에 반드시 사전에 기출 문제로 충분한 연습을 해야 한다. PART 1 & 2에서 아무리 대답을 잘했다 하더라도 PART 3에서 동문서답을 하거나 너무 짧게 답하면 낮은 점수를 받는다. 모든 PART가 중요하지만 점수를 결정 짓는 것은 PART 3임을 잊지 말자! Direct Answer(직접적인 대답) + Supporting Sentence 1, 2, 3… (지지하는 문장1, 2, 3…)로 3~5문장, 20~30초 내외로 답한다.

Sample Answer

Q. Do you think children should be allowed to make mistakes?

A. Making mistakes is an essential part of learning. If children are not allowed to get some things wrong, it is a sign that they are not being permitted to think for themselves. Pupils should be encouraged to pursue success through trial and error. It is important that they are eventually corrected, however, so that they can understand where they made their mistakes.

Q. What should teachers do when students make mistakes?

A. Teachers must remain calm and patient when pupils make errors. It is very important that they do not get angry because such a response frightens many students. Teachers should try to create a classroom environment that promotes learning through curiosity. They can do this by telling pupils to view mistakes as part of the natural process of discovery.

Q. Do you think parents make mistakes too?

A. I am sure that parents make mistakes all the time as every human is prone to errors! For example, they might want the best for their child but still make the wrong decision for their education or extracurricular activities. It also depends on how one defines mistakes because we should try to view them as learning experiences rather than total failures. Parenting is not easy and every day is an opportunity to improve!

Q. Do you think it is in human nature to conceal one's shortcomings?

A. Definitely many of us instinctively hide our weaknesses. Sometimes we might even conceal our shortcomings from ourselves, and that can be dangerous! In general, we are able to overcome this with a little modesty and the realisation that the majority of weaknesses are nothing to be ashamed of. In fact, most people are willing to offer help to those who show their need for support with a particular failing.

> **불법 포인트**
>
> | | | |
> |---|---|---|
> | make a mistake : 실수하다 | permit : 허락하다 | pursue : 추구하다 |
> | trial and error : 시행착오 | eventually : 결국 | remain : 유지하다 |
> | calm : 침착한 | patient : 참을성 있는 | get angry : 화내다 |
> | frighten : 겁먹게 만들다 | classroom environment : 교실 환경 | curiosity : 호기심 |
> | discovery : 발견 | be prone to : ~하기 쉽다 | extracurricular activities : 방과후 활동 |
> | failure : 실패 | parenting : 양육 | instinctively : 본능적으로 |
> | hide : 숨기다 | conceal : 숨기다 | overcome : 극복하다 |
> | modesty : 겸손 | be ashamed of : 부끄러워하다 | |

Q. 당신은 아이들이 실수하는 것이 허용되어야 한다고 생각하세요?

A. 실수하는 것은 학습의 중요한 일부분입니다. 만약 아이들에게 어떤 것을 잘못하는 것이 허락되지 않았다면 이것은 그들에게 스스로 생각하는 것이 허락되지 않았다는 신호입니다. 어린 학생들은 반드시 시행착오를 통해서 성공하도록 고무되어야 합니다. 그들이 결국에는 실수를 바로잡는 것도 중요하지만 그들은 그 결과 어디에서 실수를 했는지도 이해할 수 있습니다.

Q. 학생들이 실수할 때 선생님은 무엇을 해야 하죠?

A. 선생님은 학생들이 실수할 때 반드시 침착하고 인내심을 유지해야 합니다. 그들이 화내지 않는 것이 매우 중요한데 그러한 반응은 많은 학생들을 겁먹게 만들기 때문입니다. 선생님은 호기심을 통해서 학습을 촉진하는 교실 환경을 만들도록 노력해야 합니다. 그들은 학생들에게 실수를 자연스러운 발견 과정의 일부로써 본다는 것을 말하는 것으로 이것을 할 수 있습니다.

Q. 당신은 부모도 실수할 수 있다고 생각하세요?

A. 나는 부모도 항상 실수한다고 생각하는데 모든 인간은 실수하기 쉽기 때문입니다. 예를 들어 그들은 아이들에게 최고의 것을 주고 싶을지도 모르지만 그들은 아이들의 교육이나 방과후 활동에 있어 여전히 잘못된 결정을 합니다. 이것은 또한 누군가 실수라는 것을 어떻게 정의 내리느냐에 따라 달라지는데 우리는 이 실수들을 완전한 실패라기보다는 학습 경험으로 보려고 해야 하기 때문입니다. 육아는 쉽지 않고 매일매일은 개선되는 기회입니다.

Q. 당신은 단점을 숨기는 것이 인간의 본능이라고 생각하세요?

A. 분명히 우리 중 많은 사람들은 본능적으로 단점을 숨깁니다. 때때로 우리는 스스로에게조차 단점을 숨기는데 그것은 위험할 수 있습니다. 일반적으로 약간의 겸손과 대부분의 약점들이 부끄러운 것이 아니다라는 인식으로 우리는 이것을 극복할 수 있습니다. 사실상 대부분의 사람들은 특정한 단점에 대해서 도움이 필요하다는 것을 보이는 사람에게 기꺼이 도움을 제공합니다.

365일 24시간 항시 상담대기!

| 아이월드유학 ▼

*카카오톡 전문분야 상담 (어학연수, Job-Non Stop, 정규유학, RPL 자격증, 취업이민)

호주명문대
편입학
무료수속

어학연수
조기유학

Onestop
취업패키지
인턴쉽 정식취업

취업이민
기술이민

RPL

시드니 본사

TALK

영주권 유학 독립기술 이민, 영주권 스폰서 가능 학과

| 사회복지 | 요리 | IT | 간호 | 회계 | 타일 | 물리치료 |

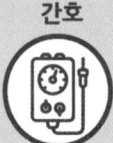

| 유아교육 | 벽돌 | 자동차정비 | 전기 | 목수 | 용접 | 배관 |

대학 지원은 호주 전지역 대학공식 접수처 아이월드와 함께!

MQ
추천 : 통번역, 경영, 회계, 국제무역

MACQUARIE University
SYDNEY·AUSTRALIA

Taylors + USYD
추천 : 경제, 무역, 예술, 법학, 약대
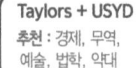
THE UNIVERSITY OF SYDNEY

RMIT
추천 : 디자인, 건축, IT, 공학

RMIT UNIVERSITY

Insearch + UTS
추천 : 디자인, 건축, IT, 공학, 회계

UNIVERSITY OF TECHNOLOGY SYDNEY

UNSW Global + UNSW
추천 : 토목, 공학, 건축, 의대

UNSW

ACU
추천 : 사회복지, 교육, 간호

ACU
AUSTRALIAN CATHOLIC UNIVERSITY

■ INTERNATIONAL GROUP SINCE 2002
iWORLD EDU JOB IMMI

NSW TAFE
NSW 최우수 에이전트 수상
AHRI
Australian Human Resources Institute

MARN 0638093

Naver Blog 호주호사모
Face book iworldsydney
KAKAO TALK 아이월드유학

서울시 서초구 서초대로 74길51, 롯데골드로즈 1904호

02 3472 1113 | **070 7885 1111**

seoul@iworldstudy.com   www.iworldstudy.com

SYDNEY 1300 001 113 | MELBOURNE 03 9600 4800 | SEOUL 02 3472 1113 | BUSAN 051 803 2100 | MONGOLIA 97 69 970 8535